한국어와 중국어의
대우어 대조연구

저자 김청룡

▌머리말

  다른 언어에 비해 한국어는 문법 범주로 대우법이 세분화되어 있어 대우법이 한국어의 특질을 가장 잘 나타내 준다고 한다. 그리하여 기존의 한국어 대우법 연구는 문법 요소에 의한 대우법에 집중되어 왔다. 대우법의 어휘 요소 즉 대우어에 대한 주목이 적었던 것은 사실이다. 필자는 중앙민족대 석사 과정 시절부터 높임말, 낮춤말에 관심을 갖고 어휘론의 측면에서 이를 다루었고 서울대 석사 과정에선 높임법 어휘를 의미론적 측면으로 다루었으며 이에 대한 연구를 계속하여 한국어와 중국어의 대우어를 대조함으로써 박사 학위 논문으로 발전시켰다. 본서는 박사 학위 논문을 보완하고 발전시킨 것이다.

  본서는 한국과 중국의 대표적인 국어사전을 기반으로 한국어와 중국어의 대우어를 의미화용적 측면에서 대조 분석하였다. 2장에서는 그동안 다양하게 쓰여 오던 대우법 관련 용어들을 정리하고 한국어와 중국어의 대우어 체계에 대하여 비교 검토하였다. 한국어 대우어 체계는 그 논의들에 따라 문법 중심의 체계, 어휘-문법 병립 체계, 혼합 체계로 분류할 수 있는데 이들 중 어휘-문법 병립 체계만이 대우법 어휘적 범주의 독자성을 인정하고 있다. 중국어 대우어 체계는 종래로 어휘적 범주인 敬謙詞를 둘러싸고 진행되어 왔다. 3장에서는 한국어와 중국어의 대우어 양상을 살펴보았다. 우선 대우어를 타인대우어와 자기대우어로 구분하고, 이들을 의미별로 크게는 칭호 관련어, 지시 관련어, 동작 관련어로 분류하고 세세히 살폈다. 그리고 두 언어의 구어체 대우어와 문어체 대우어에 대해서도 대조 분석하였다. 4징에시는 의미관계론적 측면으로 한·중 두 언어의 대우어를 대조 분석하였다. 방대한 어휘양을 자랑하는 한·중 두 언어의 대우어는 각자가 뿔뿔이 존재하는 것이 아니라 다양한 연관성을 가지고 밀접한 관계를 이루며 존재한다. 주로 유의 관계, 반의 관계, 다의 관계에 따라 이들의 연관성을 살펴보았다. 5장에서는 화용론적 측면으로 한·중 두 언어의 대우어를 대조 분석하였다. 언어는 사회적 산물인 만큼 사회성을 지니며, 우리가 사용하는 언어는 사회적 변인으로 말미암아 사회 계층, 성별, 친소 관계, 시대적 환경 등의 영향을 받는다. 이 장에서는 먼저 한·중 대우어에 영향을 미치는 사용역을 살펴보고, 다음 한·중 두 언어의 직업명에 반영되는 사회적 대우에 대하여 중점으로 대조 분석하였다.

본서가 나오기까지 가르침을 주신 은사님들께 감사의 말씀을 드린다. 중앙민족대 태평무 교수님, 서울대 임홍빈 교수님, 김창섭 교수님, 그리고 박사 지도 교수님이신 경희대 최상진 교수님께 감사의 인사를 드린다. 은사님들의 가르침과 도움이 있었고, 주변의 지인, 가족들의 지지가 있었기에 8년간 한국에서의 유학을 무사히 마치고 오늘의 결실을 맺게 되었다. 또한 이 책을 흔쾌히 발간해주신 박문사의 윤석현 대표님을 비롯한 임직원 여러분들께 감사의 말씀을 드린다.

2014년 10월
김청룡

목차

제1장 서론

1.1. 연구 목적

본고에서는 한·중 대우어를 대상으로 각각의 체계와 운용적 특징을 살펴보고 상호 관계를 대조연구하여 한국어 대우법 어휘들을 체계화하는 데 그 목석이 있고, 같은 동양 문화권에 속하는 두 언어에 대한 대조 분석을 통하여 대우어의 본질을 한층 더 파악하는 데 학술적 의의가 있다. 이 연구는 한국어 대우법 체계에서 문법적 범주에 대한 연구에 비해 논의가 많이 부족한 어휘적 범주 연구에 기여할 것이라 생각한다.

중국은 3,500년 전의 갑골문에서 이미 대우법을 사용한 흔적이 있다. 한국어와 중국어의 가장 뚜렷한 언어적 특징 가운데 하나로 들 수 있는 것이 대우법이다. 대우법을 올바로 사용하지 못하면 완전한 사람 대접을 받지 못한 것으로 인식되어 여러 가지 불쾌함과 오해가 생길 수도 있다. 그만큼 그것이 언어생활에서 중요하다고 말할 수 있다. 대우법 사용을 결정하는 데는 연령, 사회적 지위, 친소관계, 그리고 사회계급과 성별 등이 관련된다.

다른 언어에 비해 한국어에는 문법의 범주로 대우법이 세분화되어 있어 대우법이 한국어의 특질을 가장 잘 나타내 준다고 한다. 그리하여 기존의 한국어 대우법 연구는 문법 요소에 의한 대우법에 집중되어 왔다. 때로 대우법은 문법 요소에 의한 것이 모두인 것처럼 오해되기도 하였다.

반면 중국어 대우법은 경겸사(敬謙詞)가 발달하고 대우법 연구는 문법보다 어휘적 범주에 집중되어 있다. 경사(敬詞)는 공경을 나타내는 어휘로서 한국어의 존대어에 해당되고, 겸사(謙詞)는 겸손 또는 공손을 나타내는 어휘로서 한국어의 겸양어에 해당된다.

이와 관련하여 임홍빈(1990)에서는 한국어 대우법을 '문법적 대우'와 '어휘적 대우'로 구분하고 어휘적 대우의 성격을 구체적으로 검토함으로써 '어휘적 대우'가 단독 체계로 존재할 수 있는 가능성을 보여준 바 있고 조남호(2006)는 대우법에 사용되는 어휘를 '대우어'라 명명하고 현대 한국어에서 나타나는 현상에 국한하여 대우어의 범위와 대우어의 체계를 살폈다.

그러나 한국어의 수많은 대우법 관련 연구 중 대우어에 관한 단독 연구는 적은 것이 사실이다. 그리고 중국도 이 분야에 대한 연구는 많이 부진한 편이다. 갑골문에 새겨 있을 정도로 대우법 사용 역사가 유구하고 봉건사회 유교의 흥행으로 대우법 체계가 무척 발달되었다지만 현대에 이르러 사회주의 혁명을 거치면서 계급을 타파하고 인간평등 사상이 확산되면서 계급사회의 잔재로 지목된 대우법은 언어생활에서 홀시되어 왔다. 중국 개혁개방 이후 대우법 사용이 다시 중요시되기 시작하고 이에 대한 연구도 다시 시작되지만 주로 1990년대부터 본격적으로 시작되었다. 한국어와 중국어의 대우어 관련 대조연구는 말할 나위 없이 더욱 드문 것이다.

1.2. 대우어에 관한 기존연구

1.2.1. 한국어의 경우

지금까지 한국어 대우법에 대한 연구 성과들은 헤아릴 수 없이 많다. 한국어의 대우현상에 대해 최초로 언급한 Dallet(1874)[1]로부터 시작하여 최현배(1937/1971), 허웅(1961/1984), 임홍빈·장소원(1995) 등은 대우법 체계 설정에 관한 연구를 시도했다. 그리고 현대 언어학 이론의 도입과 더불어 다양한 방법론으로 접근하는 연구들도 많다. 이정민(1982)은 화용론적 방법으로 대우법 연구를 시도했고 靑山秀夫(1969a-b), 靑山秀夫(1970), 이맹성(1975), 박영순(1976), 김주관(1989), 이정복(2006) 등은 사회언어학적 연구방법을 선택했다. 최근에 외국인을 위한 한국어교육이 융성해짐에 따라 응용언어학적 차원의 연구가 많아지고 있다. 박영순(2002), 이정희(2003), 이해영(2005), 허봉자(2008), 이희성(2008) 등은 외국인을 위한 한국어 대우법 오류분석 및 교육방법론에 주안점을 두고 있다.

하지만 이러한 기존의 한국어 대우법 관련 연구 가운데 대우법 관련

---

1) 조선에서는 서민이 수령에게 말을 건넬 때 감히 나 또는 내가라고 아니하고, 자기를 말할 때는 쇼인(小人)이라고 한다. 더군다나 상대방에게 너 또는 네가라고는 아니한다. 우리들이 각하니 뭐니 하는 것과 같이 그도 필요한 칭호를 쓸 것이다. 그러나 그것은 예의 규정이지 문법 규정은 아니다. Dallet(1874), 『조선교회사서론』(정기수 역, 1966:156, 탐구당) 참조.

어휘 즉 대우어에 대한 연구는 별로 눈에 띄지 않는다. 1990년대까지만 해도 한국어 대우법 연구는 문법범주에 대한 연구가 위주였고 어휘범주에 대한 연구는 문법범주를 다루는 중에 몇 마디 언급할 정도에 지나지 않았다. 최현배(1937/1971), 이희승(1949), 허웅(1961) 등에서처럼 한국어의 대우법에 대한 전반적 기술 속에서 약간 언급되는 것이 관례였다. 이러한 이유로 임홍빈(1990)에서는 "그 이전까지 어휘적 대우에 관한 문제는 적어도 심각한 연구의 대상이 된 일이 거의 없었다고 해도 지나친 말이 되지 않는다"라고 지적하였으며 그 원인으로 어휘적 대우가 일관성과 일반성이 없기 때문이라고 논평한 바 있다.

기존의 대우법 어휘범주 관련 연구들을 살펴보면 다음과 같은 것들이 있다.

김종훈(1958)[2]은 부녀자에 대한 칭호, 명사의 높임말과 낮춤말, 접사의 높임말과 낮춤말을 고찰하였다. 김종훈(1959)[3]은 계급의식이 강한 봉건사회는 계급 간의 언어 사용도 달랐다고 지적하면서 천인계급[4]의 직업을 중심으로 비칭에 관해 고찰하였고 김종훈(1961)[5]은 고대 문헌에 나타나는 왕에 대한 존칭, 벼슬이름 즉 관직에 대한 존칭, 그리고 이름 뒤에 붙여 쓰는 일반적 존칭을 고찰하였다. 김태곤(1984)[6]은 조선시대에 어떠한 친척명칭 어휘가 사용되었나를 살피고 경우에 따라서 어휘 변천상도 밝혔으며, 강신항(1967)[7]은 8·15 이후의 언어생활을 중

---

2) 김종훈(1958), "婦女子의 稱號에 관한 일고", 김종훈 편(1984:27-38)에 재수록.
3) 김종훈(1959), "卑稱에 관한 일고", 김종훈 편(1984:19-26)에 재수록.
4) 천인계급(賤人階級)은 사회적으로 계급이 가장 낮아 천대를 받던 사람들로 대개 이들은 특수한 직업을 가지고 있었던 사람들이다.
5) 김종훈(1961), "尊稱에 관한 소고", 김종훈 편(1984:9-18)에 재수록.
6) 김태곤(1984), "朝鮮時代 親戚名稱攷", 김종훈 편(1984:39-64)에 재수록.
7) 강신항(1967), "現代國語의 家族名稱에 대하여", 김종훈 편(1984:65-104)에 재수록.

심으로 현대 한국어의 어휘 가운데서 가족 구성원들 간의 상호 호칭을 고찰하였다. 김종훈(1962)[8], 안병희(1963)[9], 안병희(1965)[10], 유구상(1970)[11]은 각각 존대어휘 '당신', '즈갸', '그듸' 및 주격조사 '-께서'에 대하여 한국어사적 관점에서 통시적 고찰을 진행한 논문들이다.

임홍빈(1990)은 어휘적 대우현상을 대수롭지 않게 여기던 기존의 대우법 체계 연구의 경향을 검토하면서 한국어의 어휘적 대우가 일관성과 일반성이 없기는 하지만 한국어 대우법 체계의 정립을 위해서는 어휘적 대우법이 마땅히 설정되어야 한다고 역설하고 있다. 한국어의 대우법 체계에서 어휘적 대우법 설정의 당위성을 공론화한 최초의 논의라 할 수 있다. 이러한 당위성이 임홍빈·장소원(1995)에서 현실화되었다고 볼 수 있다.

이윤하(2001)는 대우법 체계에서 어휘적 대우는 통사·의미론적 현상에 의한 문법적 대우와 달리 어휘의 고유한 특성에 의해 나타나는 대우현상이라고 지적하면서 어휘적 대우를 높임말, 예삿말, 낮춤말의 삼지(三枝)적 대립 혹은 이지(二枝)적 대립에 입각하여 체계화하였다.

구현정(2004)은 존비어휘화에 나타나는 인지적 양상을 살폈는데 존대어에 반영된 인지적 양상으로 생소한 것, 동작성이 적은 것, 아름다운 것, 귀한 것은 높인 것이라 지적하고 낮춤말에 반영된 인지적 양상으로 잘 알려진 것, 동작성이 많은 것, 더러운 것, 유용하지 않은 것, 작은 것, 미성숙한 것, 생명력이 없는 것, 다듬어지지 않은 행동, 중심을 벗어난 것 등을 들었다.

---

8) 김종훈(1962), "높임말 '당신'攷", 김종훈 편(1984:107-117)에 재수록.
9) 안병희(1963), "'즈갸' 語攷", 김종훈 편(1984:119-128)에 재수록.
10) 안병희(1965), "2人稱 代名詞 '그듸'에 대하여", 김종훈 편(1984:129-138)에 재수록.
11) 유구상(1970), "主格 '-께서'攷", 김종훈 편(1984:139-155)에 재수록.

조남호(2006)는 이러한 어휘들을 대우법에 사용되는 단어라 하여 '대우어'라 칭하고 현대 한국어에서 나타나는 현상에 국한하여 대우어의 범위와 대우어의 체계에 대해 살폈다. 조남호(2006)는 대우법 연구가 그동안 주로 통사론 분야에서 논의되었다고 지적하면서 어휘론의 관점에서 대우어들을 재검토하면서 대우어의 범위를 정할 때 고려해야 할 기준에 관해 논의하고 어떻게 대우어의 체계를 세우는 것이 좋은가에 대해서 검토하였다.

이상 대우법의 어휘적 범주 관련 연구들은 대부분 대우법 어휘범주를 문법범주와 분리시킨 하나의 독립된 체계로 살피고자 하였으며 어휘론적, 의미론적 시각으로 접근하고자 하였다. 본고의 시각도 이러한 관점에서 크게 벗어나지는 않는다. 다만 대우현상이 근본적으로 사회현상의 하나이며, 발화 장면 또는 문맥과 밀접한 연관성이 있다는 점을 고려할 때, 본고에서는 대우법의 어휘적 범주에 대한 연구에 사회언어학 및 화용론적 관점의 연구도 병행되어야 함을 강조할 것이다.

1.2.2. 중국어의 경우

1990년대 이전까지 중국에서의 대우법 관련 연구는 주로 어휘론, 의미론, 화용론, 수사학, 사회언어학, 심리언어학, 비교언어학 등 개론적 연구 또는 예절언어, 교제언어 등 타 분야 언어연구 중에서 약간 언급되는 정도에 불과하였다. 1990년대 이후 언어예절에 대해 사회적으로 중시하게 되면서 이 분야에 대한 연구도 많아지기 시작하였다. 중국에서의 대우법 관련 연구는 '예절언어'라는 큰 범주에 포함시켜 연구한 경우가 많은데, 대표적으로 謝朝群(2004), 宋淑敏(2004), 周曉靑(2005),

周筱娟(2005), 梁顯雁(2006) 등을 들 수 있다. 이들의 연구에서는 공경어(恭敬語), 겸손어(謙遜語), 축원어(祝願語), 객투어(客套語), 감사어(感謝語), 문후어(問候語), 위완어(委婉語)12) 등을 두루 다루었는데 대우어의 일부로 공경어와 겸손어를 다루었다.

본고에서 다루고자 하는 어휘 중심의 대우어와 가장 가까운 연구는 거의 대우표현을 구(句)적 단위까지 포함시켜 다루어온 경겸사(敬謙詞)에 관한 연구에서 이루어졌다. 이러한 관점의 종합적 연구로는 鮑志伸(1980), 邱宜家(1985), 葛克雄(1985), 馬慶株(1996), 洪成玉(1998), 劉恭懋(2001), 貢如云(2006), 趙光(2007), 蹇照芹(2008), 劉宏麗(2009) 등이 있다. 그중 이론적 가치와 학술적 가치가 비교적 높은 것은 馬慶株(1996)과 洪成玉(1998), 劉宏麗(2009)이다. 馬慶株(1996)는 경겸사 어휘에 대하여 유형을 분류하고 각 유형별 조어방식, 응용 등에 관하여 상세한 분석을 진행하였다. 洪成玉(1998)은 경겸사의 의미 유형, 경겸사의 경계선 모호 문제 등에 관하여 세밀한 분석을 진행하였다. 劉宏麗(2009)는 명청(明淸) 시기 경겸사 전반에 주안점을 두고 이 시기 경겸사에 대하여 유형 분류, 의미 분류를 진행하고 통시적 비교와 문화적 해석을 시도하였다. 특히 경겸사 중 존칭, 겸칭 등 칭호어에 한정한 연구들로는 徐振礼(1984), 伍鐵平(1984), 張覺(1989a), 張覺(1989b), 張覺(1989c), 馮漢驥(1989), 粟季雄(1991), 陳月明(1992), 張广飛(1993), 袁庭棟(1994), 吳小如(1995a), 吳小如(1995b), 馬宏基·常慶峰(1998), 常敬宇(1999), 連劭名1999, 黎琳(2000), 吉常宏(2001a~f), 吳茂萍(2002), 李冬香(2003), 胡偉(2005) 등이 있다.

---

12) 한국어의 완곡어(婉曲語)에 해당한다. 한국어의 완곡어의 개념에 대해서는 김광해(1993:160~162)를 보라.

연구 대상을 특정 서적에 한정하여 진행된 경겸사 연구도 적지 않다. 이를테면, 劉敏·尤紹鋒(2003), 吳小光(2003), 袁金春(2003), 丁海燕(2004), 秦佳慧(2005), 宋曉岩(2005), 李玫瑩(2005), 李小平(2006), 謝燕琳(2006), 蔡梅(2006), 李敏(2006), 王家宏(2006) 등이 이 부분에 속한다. 이 중 袁金春(2003), 秦佳慧(2005), 李小平(2006), 謝燕琳(2006), 蔡梅(2006), 李敏(2006), 王家宏(2006) 등은 특정 서적의 칭호어를 다룬 연구들로, 상기 경겸사 칭호어 연구 부분에 포함시켜도 가능한 부분이다. 그 외, 단편적으로 특정 경겸사에 관한 논의도 많은데 俞理明(1993), 符達維(1995), 曉津(1995), 蔣國林(1996), 錢劍夫·符達維·宛嘯(1997), 何志昌(1998), 趙平安(1998), 陳霞村(1999), 俞理明(2000), 陸精康(2000), 李明曉(2002), 王曉維(2005), 時良兵(2006), 李嬋婷(2006), 廖頌擧(2006), 胡勇·雷希(2007), 賈嬌燕(2007), 沈盧旭(2007), 唐穎(2008) 등이 있다.

중국어의 대우어를 일본어 또는 한국어의 대우법과 대조한 연구들도 일부 있다. 중·일 대조연구로는 羅國忠(1998), 楊松波(1998), 韓慧(1999), 袁曉凌(2002), 佐藤亨(2006) 등을 들 수 있다. 羅國忠(1998)은 중국어와 일본어의 호칭어, 인칭대명사, 친족 명칭 등을 대조하였고 楊松波(1998)는 중·일 대우법의 표현 형식, 적용 대상, 접두사 활용에서의 차이점을 분석하였고 韓慧(1999) 역시 인칭대명사, 호칭어, 접두사의 활용 등 면에서 대조하였고 袁曉凌(2002)은 예절어의 범주에서 존경어(尊敬語), 자겸어(自謙語), 정중어(鄭重語), 미화어(美化語) 등 대우어 구성상의 대조 분석을 하였으며, 佐藤亨(2006)은 중·일 대우법의 표현 형식, 대우 정도성, 번역에서의 응용 등에 관하여 비교적 구체적으로 대조 분석하였다. 대우법과 관련하여 중국에서는 중·한보다 중·일의 대조연구 역사가 더 오랜데 이는 중한수교 시간이 짧고 한류 열풍이

인기 전에 1970년대에 중국 대륙에서 이미 일본문화 붐이 인 것과 무관하지 않다.

중국어와 한국어의 대우법 및 대우어를 대조 분석한 것으로 韓在均(2000), 朴錦海(2007), 趙鐘淑(2008), 呂承英(2008) 등이 있다. 韓在均(2000)은 중·한 친족칭호 중 존칭과 겸칭의 조어법 및 의미에 관하여 대조 분석하였는데, 상위 2세대부터 하위 1세대까지 다룬다고 하지만 무척 한정된 친족 칭호만 다루고 있어 중·한 친족 칭호의 전모(全貌)를 보여주지 못하고 있다. 朴錦海(2007)는 대우법의 유형 분류를 살펴보고 어휘범주와 문법범주로 구분하여 대조연구한다고 하였지만, 기존의 연구와 다름없이 한국어는 문법적 범주에 치중되고 중국어는 어휘적 범주에 치중되는 비대칭성을 보여주는 문제점이 있다. 呂承英(2008)은 중·한 예절언어의 어휘, 문법 형태의 특징과 화용론적 응용 요소를 대조 분석하였지만 깊이있는 연구로 보기는 어렵다. 그리고 趙鐘淑(2008)은 중·한 친족칭호의 유형, 조어법, 형태, 의미 및 문화적 해석 등 여러 방면으로 상세한 분석을 진행하고 있지만 대우에 관해서는 번역 문제와 관련해서 약간의 언급이 있을 뿐이다.

1.3. 연구 대상 및 방법

이상에서 언급한 바와 같이 한국어와 중국어의 대우법 특히 대우어에 관해서는 아직까지 깊이 있는 연구가 이루어지지 못했다고 할 수 있다. 하지만 한국어와 중국어의 교류가 활발해지는 현재의 시점에서 한국어의 중요한 특징이면서 중국어에서도 점차 주목받고 있는 대우어의 양상을 대조 분석하는 것은 두 언어의 체계적 교류에 적잖은 도움을 줄 것으로 기대한다. 본 절에서는 이러한 논의를 위한 구체적인 연구 대상으로서의 언어 자료를 확보하는 방안과 이들 자료를 어떠한 방식으로 논의할 것인지에 대한 개략적인 방법을 보이도록 하겠다.

본고는 한국 『표준국어대사전』(1999/2008)(이하 『표준』으로 칭함)과 중국 『漢語大辭典』(1990/2011)(이하 『漢語』로 칭함)에 등재된 대우어를 연구 대상으로 삼았다. 그리고 한국의 『연세한국어사전』(1998)(이하 『연세』로 칭함)과 『고려대한국어대사전』(2009)(이하 『고려대』로 칭함), 중국의 『現代漢語辭典』(1978/2005)(이하 『現代漢語』로 칭함)과 『谦词敬词婉词词典』(2010)(이하 『谦词敬词婉词』로 칭함) 등을 참조로 하였다.

『연세』(1998)는 연세대학교 언어정보개발연구원에서 편찬한 것인데, 이에 수록된 표제어는 '연세 말뭉치'[13)]에서 사용 빈도가 14번 이상인 약 5만 개의 단어 및 문법 형태소들이다. 다시 말하면 고빈도어 사전인 것이다.

『표준』(1999/2008)은 표준어 규정, 한글 맞춤법 등의 어문 규정을 준수하여 국립국어원에서 발행한 대표적인 한국어 사전이다. 이에 수록된 표제어는 표준어를 비롯하여 북한어, 방언, 옛말을 두루 수록하였으며 흔히 쓰는 비표준어도 올렸다. 인터넷 판 『표준』(2008)의 표제어 수는 52만 여개에 이른다.

『고려대』(2009)는 고려대학교 민족문화연구원에서 편찬한 것인데, 1억 어절 규모의 한국어 데이터베이스를 기반으로 편찬한 대형 한국어

---

13) 약 4,300만 어절, 보통 책으로 약 18만 쪽의 분량.

사전으로서 그 표제어 역시 386,889개에 달한다.

『漢語』(1990/2011)는 중국정부 차원에서 한어대사전편찬위원회를 구성하여 18년간의 심혈을 기울여 편찬해낸 중국어 대형 사전이다. 인터넷 판『漢語』(2011)의 표제어는 384,912개에 이른다.

『現代漢語』(1978/2005)는 中國社會科學院語言研究所詞典編輯室에서 편찬한 대표적인 중국 현대 국어사전이다. 제5판 기준[14]으로 이에 수록된 표제어는 약 6만 5천 개 정도인데 현대 중국어의 모습을 대체로 보여준다고 할 수 있으며, 『연세』와 같은 고빈도어 사전이라 할 수 있다.

그리고 洪成玉 선생이 수집, 정리한 전문사전인『谦词敬词婉词』가 있는데 이에 수록된 표제어는 중국 先秦, 兩漢 시대의 고서와 대량 서한 중에서 수집한 것들이다.

상기 사전 중 주요 연구 대상으로 하는『표준』과『漢語』는 인터넷 판 전자사전이 있어 뜻풀이 검색기능을 이용해 대우 관련 표제어 목록을 뽑는데 편의를 제공하였다. 사전들의 뜻풀이 집필에서 대우에 대한 표현이 유형화를 보이는데 그 유형들을 정리하여 뜻풀이 검색을 통해 표제어를 뽑아냈다. 사전의 표제어에는 각 시대별의 어휘들이 모두 들어있기에 대우어 역시 현대어가 아닌 옛날 어휘들이 있다. 실제 어휘목록 작성 시 옛날 어휘는 포함시키지 않았지만,[15] 사용빈도가 낮은 어휘들이 들어 있다는 문제점이 있다. 그러나 대우어 어휘목록을 최대한

---

14) 『現代漢語辭典』초판: 1978년, 제2판: 1983년, 제3판: 1994년, 제4판: 2002년, 제5판: 2005년.

15) 『표준』과『漢語』는 모두 '옛말' 정보를 밝히고 있다. 『표준』은 뜻풀이에 '……의 옛말'로 해석하거나 표제어에 '옛' 표지를 달아주고, 『漢語』는 뜻풀이에 '구시(旧時……)' 표현으로 옛말임을 나타낸다.

많이 뽑아내어 두 언어의 전반적인 대우어의 특징을 살핀다는 점에서
는 장점이라고도 볼 수 있다.

앞에서 언급한 것처럼 본고에서는 대우어를 대우법의 문법적 범주
에서 분리시켜 독립적인 체계로 다룰 것이다. 『표준』과 『漢語』의 인
터넷 판 뜻풀이 검색 기능을 이용해 높임과 낮춤 관련 대우어 목록을
작성하고, 이를 기반으로 한·중 대우어의 의미유형, 의미관계 및 화용
적 응용 등에 대하여 대조 분석함으로써 그 공통점과 차이점을 살펴보
고자 한다.

1장에서는 한국어와 중국어의 대우어에 대한 기존연구들을 구체적
으로 살펴보고 연구방법을 제시한다.

2장 부분은 한국어와 중국어의 대우어 체계에 대하여 비교 검토한다.

3장 부분은 한국어와 중국어의 높임말, 낮춤말을 의미에 따라 유형
분류하고 그 특징을 대조 분석한다.

4장 부분은 의미관계론적 측면으로, 한국어와 중국어 대우어의 의미
관계를 살펴보고 두 언어 대우어의 의미관계적 특징을 대조 분석한다.

5장 부분은 화용론적 측면으로, 한국어와 중국어의 대우어에서 사용
역 정보가 미치는 영향을 살펴보고 특히 두 언어의 직업명에서 반영되
는 사회적 대우에 대하여 중점으로 대조 분석한다.

6장 부분은 본고의 결론 부분이다.

제2장 한·중 대우어 체계에 대한 비교 검토

2.1. 개념 및 용어

한국어 대우법 전반에 관련된 용어로 경어법, 공대법, 존대법, 존비법, 높임법, 존경법 등이 쓰여 왔다. 성기철(1985:13-14)은 기존의 이러한 용어들은 개념 규정이 명료하지 않지만 좁은 범위로 쓰여, 일반적으로는 규칙적인 현상을 대상으로 삼아 왔다고 지적하며, 대우란 한 행위 주체가 다른 대상과의 사회적 교섭에 있어 피차 대상을 확인 정립시키고 이에 따라 적절히 대처해 나가는 것이라 하였다. 임홍빈(1990)도 다른 용어보다는 대우법이 더 포괄적이어서 합당하다고 주장하였으며 이윤하(2001:62-65)에서도 대우법 명칭들의 적절 여부에 대해 상세히 검토하면서 대우법이란 명칭이 대우현상을 가장 적절하게 나타내는 말이라고 지적하였다[1]. 대우와 관련한 어휘들을 가리키는 학술 용어도 높

---

1) 이윤하(2001)는 대우법 명칭과 관련하여 구체적인 명칭이 없는 경우와 구체적인 명칭이 있는 경우 두 부류로 나누었다. ①구체적인 명칭이 없는 경우: '조동사'(유길준, 1904), '높낮'(주시경, 1910), '층사토'(김규식, 1909), '말 대우'(김두봉, 1916), '종지토에 의한 대우의 구별'(김희상, 1927), '助詞'(안확, 1917), '無期助詞'(이필수, 1922), '尊卑'

임말, 존댓말, 존대어, 낮춤말, 겸양어, 겸손어, 공손어, 하대어 등 다양하게 불리어왔으나 대우현상과 관련된 어휘 전반을 어우르는 차원에서 '대우어'라는 용어가 적절하다.

중국어에서도 대우법에 대한 해석은 다양하다. 주로 공경설(恭敬說), 예모설(禮貌說), 경겸예설(敬謙禮說)[2] 등 세 가지로 귀납할 수 있는데 이에 관련된 어휘들은 보통 경겸어(敬謙語), 경겸사(敬謙辭/敬謙詞), 겸경사(謙敬辭/謙敬詞), 예모어(禮貌語) 등으로 불리며 중국어 대우법에서는 문법적 범주가 별로 없어 무시되기에 주로 경겸어 또는 경겸사와 같이 어휘적 범주에 대한 연구가 주를 이루고 있다. 하지만 경겸어 또는 경겸사 역시 좁은 범위의 대우현상만 규칙화한 것이기에 '대우어'라는 용어가 훨씬 포괄적이고 적절한 듯 하다.

상기 한국어와 중국어의 대우법 관련 용어들을 보면 모두 상대방을 존경하는 수단으로 상대방을 높이거나 자기를 낮추는 표현특징을 보여주는 용어로 쓰이고 있다. 그러나 사회관계에서 남을 대하는 태도와 자신을 대하는 태도를 구분하여 타인대우법과 자기대우법으로 각각 살펴볼 필요가 있다.[3] 남을 대함에 있어서는 존대하여 대우하거나 평대하여 대우어하거나 또는 지위가 낮은 사람, 싫어하는 사람, 나쁜 사람에

(주시경, 1910; 이상춘, 1925), '종지 조용사'(이완응, 1929), '종지형'(박상준, 1932), '존경사'(박태윤, 1949), '어미, 활용'(Ross, 1877), '공손 형태'(MacIntyre, 1880~1882?), '존칭'(前間恭作, 1909), '계급어'(新庄順貞, 1918), '문말 접미사'(Lukoff, 1954) 등. ②구체적인 명칭이 있는 경우: (가)높이는 면만 나타내는 명칭: 경어법, 공대법, 존대법, 높임법, 존경법. (나)높임과 낮춤의 면, 전부를 나타내는 명칭: 존비법, 더 낮춤법과 더 높임법. (다)높임과 낮춤의 면을 표현에 나타내지 않는 명칭: 대우법, 말 대접법, 말 대우.

2) 공경(恭敬)설: 공경, 존경, 경의에 중점을 둠.(『現代漢語詞典』, 『漢語大詞典』)
  예모(禮貌)설: 예절에 중점을 둠.(王宗炎主編(1988), 陣松岑(2005))
  경겸예(敬謙禮)설: 공경과 예절을 아울러 고려함.(王德春主編(1987), 張奈華主編(1988))
3) 김태엽(2007)에서 타인대우법과 자기대우법으로 구분하여 다루었다.

대해서는 하대하여 대우하는 관계가 엄연히 존재한다. 특별한 상황에서는 자기에 대해서도 존대하여 대우하는 경우가 간혹 있겠지만 일반적인 예절원칙에 의하면 자신에 대하여는 평대하여 대우하거나 겸손하게 하대하여 대우하는데 이같이 남에 대해서는 존대, 평대, 하대의 대우관계를, 자기에 대해서는 평대, 겸양의 대우관계를 전반적으로 다루어야 인간 사이의 완전한 대우관계를 다룬다고 할 수 있다. 따라서 필자는 기타 용어보다는 대우법이란 용어가 가장 적절하다고 인정한다.

본고는 문법범주를 제외한 어휘범주에 대한 연구를 목적으로 한다. [+높임]과 [−높임] 전반을 다루기에 상대를 어떻게 대우하는가에 따른 어휘로 대우어란 용어를 쓰기로 하며, 중국어 용어도 본고에서는 편의에 따라 대우어로 통일한다.

대우어는 높이고 낮추는 대우상의 층위를 가지는 어휘로서 문법적 기능의 '−시−'나 '−삽−', 그리고 어미 형태와는 근본적으로 그 성격을 달리한다. 이윤하(2001)는 어휘의 대우상의 층위로 높임말, 예사말, 낮춤말과 같은 삼지적 대립으로 설명하고 임홍빈(1990)은 존칭어, 평칭어, 비칭어와 같은 삼지적 층위로 설명한다.[4] 그러나 본고에서는 대우 대상에 따라 타인대우어와 자기대우어로 구분하여 각각 살펴보고자 한다. 타인대우어는 타인 또는 타인과 관련된 사람이나 사물, 동작에 쓰이는 어휘이고 자기대우어는 자기 또는 자기와 관련된 사람이나 사물, 동작에 쓰이는 어휘이다. 타인대우어는 존대대우어, 평대대우어, 하대대우어의 삼지적 층위로 구분하고 자기대우어는 평대대우어, 겸양대우어의 이지적 층위로 구분할 수 있다.

---

4) 학자에 따라 존대어, 평대어, 하대어로 부르는 경우도 있다.

그러나 타인대우어의 하대대우어와 속어를 구분할 필요가 있다. 예를 들면 '처먹다, 뒈지다, 대가리' 등 속어들은 하대대우어와 구별이 된다. 조남호(2006:385)는 속어라고 할 수 있는 것들에서 낮추는 의미를 느낄 수 있는 것은 사실이지만 이것은 속어의 속성에서 기인된 것일 뿐 대우와는 무관하다고 하였다. 김광해(1993:157)도 속어는 화계 등을 고려하는 대우표현과 관련이 없다고 하였다. 『표준』에서 '속어'에 대해서 ①통속적으로 쓰는 저속한 말. ②점잖지 못하고 상스러운 말'이라 해석하는데, 이 같은 속어들은 대우 자질보다는 [+속됨] 자질 때문에 낮추는 느낌을 주는 것이다. 김태엽(2007:98)은 '잡수시다–먹다–처먹다', '돌아가시다–죽다–뒈지다', '두상–머리–대가리', '치아–이–이빨' 등 이들 사이의 관계를 설명할 때, 왼쪽 항의 어휘소들, '잡수시다, 돌아가시다, 두상, 치아' 등은 [+존대][-속됨] 자질을 지니므로 문장의 주체나 객체 그리고 청자를 높여서 대우할 때 선택될 수 있으며, 중간 항의 어휘소들, '먹다, 죽다, 머리, 이' 등은 [+평대][-속됨] 자질을 가지므로 문장의 주체나 객체 그리고 청자를 평대로 대우할 때 선택될 수 있으며, 오른쪽 항의 어휘소들, '처먹다, 뒈지다, 대가리, 이빨' 등은 문장의 주체나 객체 그리고 청자를 저속하게 대우하여 표현할 때 선택된다고 지적하였다. 아울러 본고에서는 속어를 대우어 범주에 포함시키지 않기로 한다.

성기철(1985:15)은 담화 또는 화용론의 대상이 되는 일체의 대우법을 광의의 대우법으로 하고 단위 문장에 실현되는 대우의 규칙을 협의의 대우법이라 보면서 전자가 대체로 어떤 언어 사용의 원리 아래서 실현되는 현상이라고 한다면, 후자는 대체로 특정 형태에 의해서 규칙성을 가지고 실현되는 현상이라고 하였다. 따라서 대우어 역시 광의의 대우어와 협의의 대우어로 구분할 수 있다.

본고는 타인대우어와 자기대우어에서 나타내는 특정 형태에 의한 규칙성을 나타내는 어휘뿐 아니라 화용론의 대상이 되는 인간 관계의 사회적 지위와 친소관계를 나타내는 어휘도 포함시켜 광의로서의 대우어를 다루고자 한다.

2.2. 한·중 대우어 체계에 대한 비교 검토

2.2.1. 한국어의 대우어 체계

현대 한국어의 대우법 체계에서 대우법 어휘를 주체대우법, 객체대우법, 청자대우법과 동등하게 하나의 독립된 범주로 다룬 논의는 임홍빈(1990), 임홍빈·장소원(1995), 이윤하(2001) 등이 있다. 다른 대부분의 연구는 대우법 어휘적 범주의 독립성을 인정하지 않았다. 어휘적 범주와 문법적 범주를 뒤섞어 다루거나 어휘적 범주의 독립성을 일정하게 인정하면서도 이를 문법적 범주 속에 다시 포함시켜 다루는 경우가 많았다. 따라서 어휘적 범주를 어떻게 처리하는가에 따라 이를 문법 중심의 체계, 혼합 체계, 문법–어휘 병립 체계 등으로 분류할 수 있다.[5] 대우어 관련 대우법 체계들을 살펴보면 그 대표적 논의들은 다음 〈표 1〉과 같다.

---

5) 임홍빈(1990)은 이를 '단독 체계', '종속적 체계', '독립적 체계', '혼합적 체계'로 분류하였고, 이윤하(2001)는 '독자성을 인정하지 않은 체계', '독자성을 어느 정도 인정한 체계', '독자성을 인정한 체계'로 분류하였다.

<표 1> 한국어 대우법 체계 설정 유형

유형	내용	대표적 논의
문법 중심의 체계	대우법의 어휘적 범주를 아예 무시하거나 문법적 범주에 포함시켜 다루는 단일 체계.	최현배(1937/1971) 이희승(1949) 허웅(1961)
혼합 체계	대우법의 어휘적 범주를 독립적으로 다루는 방법과 문법적 범주 속에 포함시켜 다루는 방법을 아울러 가지고 있는 체계.	정열모(1946) 김근수(1947) 최태호(1957)
문법-어휘 병립 체계	대우법의 어휘적 범주를 문법적 범주와 분리시켜 각자 독립된 이원화 체계.	임홍빈(1990) 임홍빈·장소원(1995) 이윤하(2001)

최현배(1937/1971), 이희승(1949), 허웅(1961) 등은 문법적 대우법과 어휘적 대우법을 구별하지 않는다. 사실은 문법 위주로만 설명하고자 하였던 것이다.

최현배(1937/1971)의 특징은 하나의 문장이 주어졌을 때, 그 문장의 높임은 어느 한 부분에 대해서만 이루어져서는 안 된다는 것이라 할 수 있다. 문장의 대우 일치 현상을 뜻하는 것이다.[6] '높임의 서로 맞음' (존경의 상응)이 바로 그러하다. 따라서, 최현배(1937/1971)에서는 대상 인물은 물론, 그와 관련되는 다른 인물이나 사물도 높임말을 쓰지 않으면 안 되는 것이다. 대우법 표현과 관련되는 풍부한 어휘를 제시하고 있음에도 어휘적 범주를 독립시키지 못한 이유가 바로 이러한 인식 때문일 것이다. '-시-'를 더해 높임 동사를 만든다고 한 것은 어휘적 대우와 문법적 대우를 아예 구별하지 않은 것이다. 그러나 최현배(1937/1971)에서 주목되는 것은 무엇보다 '-님'이 연결되는 형식을 높임

---

6) 이를 임홍빈·장소원(1995:376)에서는 '일관성의 원리'라 한다.

말이라고 한 것이다.

이희승(1949)도 대우법에 대한 인식은 최현배(1937/1971)와 같다고 할 수 있다. '존경법'과 '겸손법'으로 모든 대우 범주를 설명하고 있다. 그러나 이희승(1949)에서 주목할 것은 문법적인 언어 형식이든 어휘적인 언어 형식이든 이들은 결국 어휘재 혹은 언어재에 속하는 형태들이므로, 모든 어휘재가 곧 존경법과 겸손법에 해당하는 것으로 구별한 것이다. 어떤 용언에 '-시-'가 결합되면 존경법이 되고 '-삽-'이 결합되면 겸손법이 되는 것으로 보았다. 그러나 모든 어휘가 결코 존경법과 겸손법으로 대응되지는 않는다. 이러한 인식이 '-님'과 '께서'가 '-시-'와 동일한 차원의 대우법 기능을 가지는 것으로 해석하게 된 동기가 되었다 할 수 있다.

허웅(1961)의 내용을 요약하면 존대법의 본질은 형태론적이라는 것, 존대 표현에는 체언, 조사, 용언 같은 어휘적 범주도 있다는 것, 대상 인물에 대한 높임이 '직접적인 존대'라면 사물에 대한 높임은 '간접적인 존대'라는 것, 특수한 어휘에 의한 대우는 어휘론적 방법이나, '-님'의 접미는 '형태론적 방법'이라는 것, 청자를 높이기 위해서는 자기 관련 어휘는 낮춤말이어야 한다는 것,[7] 체언이나 조사에 의한 어휘적 범주는 일관성이 없으므로 문법에서 그리 중요하지 않으나 용언에 의한 대우법은 문법에서 한 과제가 된다는 것, 용언은 '-시-', '-삽-'의 삽입으로 보통말과 존대말의 대립이 있다는 것, 한국어는 '주어+객어+용언'의 구조라는 것, 그리고 용언에 의한 상대 존대, 주체 존대, 객체 존대가 한국어의 존대법 체계라는 것 등등이다.

---

7) 이를 임홍빈·장소원(1995:375)에서는 '자기 낮춤 원칙'이라 한다.

허웅(1961)의 내용에는 한국어의 대우법에 대한 정확한 기술이 적지 않다. 첫째, 어휘적인 대우법 현상이 있음을 인정하였다. 둘째, 일관된 대우법 표현의 일치가 있어야 한다는 것도 지적하였다. 그러나 이에 대해 이윤하(2001: 283-284)는 일부 문제점들을 지적하기도 하였다. 첫째, '-시-', '-삽-'에 의한 대우법이 형태론에 속하는 문법적 범주라 하였는데 그것은 통사·의미론적인 문법적 범주이다. 둘째, 존대법은 '형태론'에 속하는 문법적 범주라 하면서 특수어휘에 의한 대우법은 어휘론적인 방법이라 함으로써 스스로 모순에 빠진다. 셋째, 특수어휘에 의한 대우법은 어휘론적인 방법이라 하면서 '-님' 연결형은 다시 형태론적인 방법이라 함은 또 하나의 모순을 자초한다. 동일한 어휘의 문제를 어떤 경우는 어휘적인 방법의 것으로, 어떤 것은 형태론적인 방법의 것으로 혼동을 일으키고 있는 것이다. 어휘가 문장의 특정한 성분에만 나타나는 것이 아니라면, '-님' 연결형도 그와 같은 속성을 똑같이 갖는다고 해야 온당한 일일 것이다. 넷째, 체언이나 조사에 의한 존대법이 문법에서 그다지 중요한 과제가 되지 못한다 하였는데, 이는 허웅(1961)에서 설정한 '간접적인 존대'나 일관된 대우법 일치 현상에 위배되는 것이다. 가령, '아버님께서 가셨다'로 써야 할 것을 '아비가 가셨다'로 쓸 수 있기 때문이다. 다섯째, '-시-'나 '-삽-'의 결합으로 용언이 높임말이 되는 것을 전제하여 용언은 모두 보통말과 존대말의 대립이 있다고 하였는데, 가령 '값이 싸시다'가 가능한 문장이고 '싸다'의 존대말이 '싸시다'이라면, 우리는 사전의 어휘 항목에 '싸시다'를 올려야 할 것이다. 그러나 현실은 결코 그렇지 않다. '-시-'는 조어론적인 파생의 기능을 갖는 형태가 아니다. 여섯째, 한국어 문장이 '주어+객어+서술어' 구조라 하였는데, 이는 객체존대법의 설정을 정당화하기 위한 것으로 이해된다. 그러나 '-삽-'은 문제의 '객어'와만 관련하지 않는다. 이윤하의 이 같은 비판적 검토는 그 타당성이 있다.

혼합 체계를 살펴보면, 정열모(1946), 김근수(1947), 최태호(1957) 등이 대표적 논의라고 할 수 있다.

정열모(1946)는 대우법의 어휘범주를 동사의 높임과 구별하고 있다는 데서 주목받지만 결과적으로는 그 대우법 어휘가 동사의 높임 즉 문법적 높임법에 다시 포함되어 취급되고 만다. 하지만, 대우법 어휘적 범주에 대한 치밀한 분석과 분류는 탁월한 것이다. 첫째, 명사를 '존칭'과 '비칭'으로 나눈다. 존칭은 어휘 자체의 '자체 존칭', 청자 관련 인물이나 사물을 높이는 '소유 존칭', 행동 주체와 관련되는 '주체 존칭', 그리고 행동이 미치는 객체와 관련하는 '객체 존칭'으로 나누고 있다. 비칭은 어휘 자체의 '자체 비칭', 화자의 자기 관련 인물이나 사물을 낮추는 '소유 비칭'으로 나눈다. 둘째, 동사의 높임을 주체 높임, 객체 높임, 가짐 높임, 상대 높임과 같이 넷으로 구분한다. 그런데, 여기서 다시 어휘적 대우법이 논의되고 있다. 주체 높임과 관련해서 '-시-' 결합형이 높임말로 해석되어 있다. 이는 곧 어휘적 대우법을 거의 독립적으로 다루다가 다시 문법적 대우법에 포함시키고만 결과가 된 것이다.

김근수(1947)의 특징을 한 마디로 말하면, '경어법'이란 상위 범주 아래 첫째, 주어를 존경하는 것, 둘째, 客語(보어와 목적어)를 존경하는 것, 셋째, 듣는 이나 읽는 이를 존경하는 것, 넷째, 품사별 경어를 하위 범주로 두고 있다는 점이다. 이 대우법 체계에서 우리의 관심을 특별히 끄는 것은 '품사별 경어'라는 어휘적 대우법을 따로 한 항목으로 설정한 점이다. 더욱이 김근수(1947)의 '품사별 경어'에는 다른 논의에서 흔히 본 바 있는 '-시-' 결합형이 예시되지 않은 점이 두드러진다. 그것이

의식적인 것이라면, 김근수(1947)에서는 '-시-'의 기능이 어휘적 높임과 별개의 것으로 인식되었다고 할 수도 있을 것이다.

최태호(1957) 체계의 특징이라면, 대우법 어휘범주가 '존경법, 겸손법'과 구별되어 '어휘적 대우'라는 이름 아래 독자적인 체계로 독립되어 있고 그 아래 어휘의 대우 자질에 따라 '평어, 경어, 비어'와 같은 三枝的 대립이 나타나 있다는 것이다. 이는 어휘 대우법 구조체계를 보여준 것이다. 대우법의 기본 성격이 관련 대상 인물에 대하여 알맞은 말로 알맞은 대우를 하는 것이라면, 대우법과 관련하는 어휘는 '알맞은 말로 쓰이기 위해 알맞은 충위가 마련되는 것이 필연적인 것이다. 이처럼 어휘를 '평어:경어:비어'의 三枝的 체계로 논의하는 것은 반드시 짚고 넘어가야 할 부분이다. 그러나 이같이 정연하던 어휘적 대우 체계가 '존경법, 겸손법'에서 다시 일부 어휘를 다룸으로써 또다시 문법적 대우 체계와 혼합되어 아쉽다. 결론적으로 혼합 체계에 소속시키지만 최태호(1957)의 대우법 체계는 어휘적 대우를 독자적으로, 그것도 어휘를 그 충위에 따라 '평어:경어:비어'의 三枝的 대립 체계로 구분하고 있다는 점은 큰 의의를 갖는 것이다.

대우어를 독립시켜 독자적인 하나의 체계로 다루고 있는 문법-어휘 병립 체계의 대표적 논의들은 임홍빈(1990), 임홍빈·장소원(1995), 이윤하(2001) 등과 같은 것들이다.

임홍빈·장소원(1995)에서 주목되는 것은 다음과 같다. 첫째, 표현을 '대우표현'과 '비대우표현'으로 나눈 것이다. 이는 한국어에는 대우표현이 아닌 표현도 흔함을 중시한 것이다. 둘째, '높임 용언'의 설정과 그 하위에 '주체 높임 용언'과 '객체 높임 용언'을 두고 있는 점이다. 여기서 주의깊게 살펴보지 않으면 안 되는 것이 '객체 높임법'이 문법적 대우에 포함되고, '높임 용언'이 어휘적 대우에 포함되어 있다는 사실이다. 이는 곧 '높임 용언'이 다른 어휘의 대우 기능과 다소 다름을 시사하는 것이다(임홍빈 1990). 가령 '아버지가 잠니다'와 '아버지가 주무십니다'가 모두 가능한 발화라 할 때, '자다'라는 동사를 쓰는 경우와 '주무시다'라는 동사를 쓰는 경우는 발화에 참여하는 대상 인물, 즉 화자, 청자, 주격 대상 인물 등등의 상하관계에 달렸다고 할 수 있는 것이다. 이윤하(2001)는 높임 용언의 이러한 미묘한 특성이 아마도 그동안 학계에 '-시-' 결합 용언은 높임 용언이요, 일부 객체 높임 동사는 문법적인 기능을 담당하는 것으로 인식케 하였을 것이라 한다.

이윤하(2001)는 언어재에 의한 대우에서 문법적 대우와 어휘적 대우를 다룸으로써 어휘적 대우를 문법적 대우와 독립시켰다. 임홍빈(1990)의 '尊稱語, 平稱語, 卑稱語/謙稱語'와 같이 '높임말, 낮춤말, 예삿말'의 삼분체계를 제시하였다.

이상의 내용을 간단히 정리해보면, 문법 중심의 체계에서는 첫째, 어휘적 범주가 문법적 범주와 뒤섞여 취급되거나 아예 경시되는 점을 살펴보았다. 둘째, '-님' 연결형이 높임말임에는 분명하나 형태론적인 방법으로 이해하는 점을 살펴보았다. 셋째, '-시-', '-삽-'이 높임말이나 겸양어를 파생시키는 기능을 갖는 요소로 해석됨을 살펴보았다. 넷째, 높임 표현의 일관성을 유지하기 위해 대상과 관련되는 인물이나 사물도 높여야 한다는 '간접적인 존대'에 대해서도 살펴보았다. 최현배(1937/1971)를 대표로 하는 문법 중심의 체계는 청자대우법 대우 층위를 문법적 범주에서만 구분짓는바 〈표 2〉와 같은 일원적인 등급체계를 보인다.

〈표 2〉 최현배(1937/1971)의 청자대우법 등급

등분	문법적 범주
아주높임(극존칭)	합쇼
예사높임(보통존칭)	하오
예사낮춤(보통비칭)	하게
아주낮춤(극비칭)	해라
등외	반말

혼합 체계에서는 첫째, 어휘적 범주를 단독적으로 분류하여 二枝的 대립 또는 三枝的 대립으로 치밀하게 분류하거나 품사별로 하위 분류하는 것을 살펴보았고 둘째, '-시-' 결합형을 어휘적 범주에 포함해 예시하지 않는 것이 주목할 바인데, '-시-'의 기능이 어휘적 높임과 별개의 것으로 인식되고 있다는 점을 살펴보았으나 결과적으로는 어휘적 범주를 문법적 범주에 또다시 포함시켜 논의함으로써 복합적 체계를 보이고 있다. 김근수(1947)는 어휘적 범주를 품사별로 보여주고 있지만 〈표 3〉과 같이 대우 층위는 여전히 문법적 범주에서 청자대우법을 '아주 높임, 예사 높임, 덜 높임, 예사 낮춤, 아주 낮춤, 반말' 등의 6등분을 보이고 있고, 최태호(1957)는 〈표 4〉와 같이 대우 층위를 문법적 범주와 어휘적 범주로 구분하여 각각 체계화하였다. 특히 어휘적 범주를 '경어, 평어, 비어' 등의 3등분 층위를 보였다는 것은 중요한 의의가 있지만 존경법과 겸손법이란 문법적 차원에서 또 다시 어휘적 범주를 다루었기에 혼합 체계로 포함시켰다.

<표 3> 김근수(1947)의 청자대우법 등급

등분	문법적 범주
아주 높임	'하옵니다'식
예사 높임	'합니다'식
덜 높임	'하오'식
예사 낮춤	'하네'식
아주 낮춤	'한다'식
반말	'어'식

<표 4> 최태호(1957)의 청자대우법 등급

등분	문법적 범주	등분	어휘적 범주
존경	-오, -ㅂ니까, -ㅂ시다, -나이까, -소서.	높임	경어
겸손	-ㅂ니다, -나이다, -리다.	같음	평어
		낮춤	비어

문법-어휘 병립 체계에서는 첫째, '-시-' 결합 용언을 어휘가 아닌 문법적 범주로 확실하게 다루고 있음을 살펴보았고 둘째, 어휘적 범주를 문법적 범주에서 독립시켜 '높임말, 예삿말, 낮춤말'의 삼분체계를 제시하였다. 그리고 대우 등급을 문법적 범주와 어휘적 범주로 각각 체계화하였을 뿐 아니라 문법적 범주는 화계와 문체의 구분도 보여주고 있다. <표 5>에서 보다시피 임홍빈·장소원(1995)은 청자대우법을 화계에 따라 '높임, 같음, 낮음'의 3등분 체계로 하고 종결어미의 문체에 따라 '합니다체', '하오체', '한다체'는 격식체로, '해요체', '하게체', '해체'는 비격식체로 구분하였다. 어휘적 범주는 '높임말, 예삿말, 낮춤말'의 3등분 체계를 보여주었다. 이윤하(2001)도 문법적 범주와 어휘적 범주에 대해 각각 대우 등급을 부여하였고 문법적 범주는 화계와 문체에 따라 각기 살폈다. 문법적 범주에서는 청자대우법의 종결어미를 기준

으로 화계에 따라 '높임, 같음, 낮춤'의 3등분을 하고 문체에 따라 '합쇼체', '하오체', '해라체'는 격식체로, '해요체', '하게체', '해체'는 비격식체로 구분하였으며, 어휘적 범주에서는 '높임말, 예사말, 낮춤말'의 삼지적 대립으로 3등분하였다.

〈표 5〉 임홍빈·장소원(1995)의 청자대우법 등급

등분	문법적 범주		어휘적 범주
	격식체	비격식체	
높은 대우	합니다	해요	높임말
같은 대우	하오	하게	예삿말
낮은 대우	한다	해	낮춤말

〈표 6〉 이윤하(2001)의 청자대우법 등급

등분	문법적 범주		어휘적 범주
	격식체	비격식체	
높임 대우	합쇼체	해요체	높임말
같음 대우	하오체	하게체	예사말
낮춤 대우	해라체	해체	낮춤말

2.2.2. 중국어의 대우어 체계

중국어는 한국어와 달리 대우법의 문법적 범주가 아주 작은 비중을 차지하기에 경겸사(敬謙詞) 즉 대우법의 어휘적 범주에 대한 연구가 위주이다. 그 체계 또한 경겸사를 둘러싼 체계이다. 그러나 어디까지를 경겸사로 보는가 하는 데는 이견이 많다. 劉宏麗(2001:2-9)는 이를 공경설(恭敬說), 예모설(禮貌說), 경겸예설(敬謙禮說) 등 세 가지 설로 귀납하였다.

<표 7> 중국어 敬謙詞 범주 설정 유형

유형	내용	대표적 논의
恭敬說	'공경, 존경, 경의' 등에 중점을 둔다.	『現代漢語詞典』 『漢語大詞典』 『漢語語法修辭詞典』
禮貌說	예절에 중점을 둔다.	『英漢應用語言學詞典』
敬謙禮說	공경(존경, 경의 등)과 예절을 아울러 고려한다.	『修辭學詞典』 『漢語語法修辭詞典』

『現代漢語』,『漢語』,『漢語語法修辭詞典』등 사전들에서는 경겸사에 대한 해석을 '공경, 존경, 경의' 등 높임 어휘에 중점을 두고 있다.

(1) 恭敬說에 관한 주장
　　『現代漢語』: 공경의 어투를 지닌 용어,[8] 예하면 請問, 借光 등.
　　『漢語』: 공경의 어투를 지닌 용어,[9] 예하면 閣下, 光臨 등.
　　『漢語語法修辭詞典』: 공경, 존경을 나타내는 용어로서, 경어법의 일
　　　　　　　　　　　　부분이다. …… 오늘날의 경사는 사회주의 정신
　　　　　　　　　　　　문명을 보여주는 예절언어의 한 부분이다.[10]

『英漢應用語言學詞典』은 경겸사에 대하여 인사말 등 예절표현에 중점을 두고 논의를 펼치고 있다.

---

8) 원문: 含恭敬口吻的用語.
9) 원문: 含恭敬口吻的用語.
10) 원문: 表示恭敬、尊敬的用語，系敬語的一部分。……現在的敬詞是反映社會主義精神文明的礼貌語言的一部分.

(2) 禮貌說에 관한 주장

　　『英漢應用語言學詞典』: 언어교제에서 예절을 표현하는 인사말.11)

『修辭學詞典』, 『漢語語法修辭詞典』 등은 경겸사에 대한 해석을 높임과 예절표현을 아울러 고려할 것을 주장한다.

(3) 敬謙禮說에 관한 주장

　　『修辭學詞典』: 공경과 예의를 표현하는 용어이다.12) 예하면 請, 對不
　　　　　　　　　起, 謝謝, 再見 등.
　　『漢語語法修辭詞典』: 경어는 존경과 예절을 표현하는 어구이다. ……
　　　　　　　　　　　　예하면 친구를 "足下"라 부르고 상대방을 "閣下"
　　　　　　　　　　　　라 부른다든지, 가르침을 주는 것을 "賜敎"라 하
　　　　　　　　　　　　고 상대방이 방문하심을 "架臨"이라 한다는 등.
　　　　　　　　　　　　현대 중국어의 경어에서 가장 흔히 보는 예로,
　　　　　　　　　　　　"請", "謝謝", "別客气", "對不起", "請原諒" 등이
　　　　　　　　　　　　있다. 경어 중 중요한 한 부분이 존칭이다. ……
　　　　　　　　　　　　경어에는 축하, 문안을 표현하는 일부 고정 문
　　　　　　　　　　　　구들도 있는데 예하면, 구어체 중의 "節日好",
　　　　　　　　　　　　"新年好", "再見", "回頭見", 그리고 문어체 중의
　　　　　　　　　　　　"敬礼", "祝你健康" 등. 경어는 예절언어 중 중
　　　　　　　　　　　　요한 일부분이다.13)

---

11) 원문: 指語言交際中表示礼貌的套語.
12) 원문: 表示恭敬和礼貌的用語.
13) 원문: 敬語: 表示尊敬和礼貌的語詞。…… 又如称朋友爲'足下', 称對方爲'閣下', 称
　　給予指導爲'賜敎', 称對方來臨爲'架臨'. 現代漢語中的敬語, 最常見的如:'請'、'謝
　　謝'、'別客气'、'對不起'、'請原諒'. 敬語的一个重要內容是尊称, ……。敬語中有
　　一些表示祝賀、問候的固定短語, 如口語中的'節日好'、'新年好'、'再見'、'回頭
　　見', 書面語中的'敬礼'、'祝你健康'. 敬語是礼貌語言的重要內容之一.

본고에서 다루고자 하는 대우어는 대우법의 문법적 범주에서 분리된 하나의 독립된 체계를 이루는 어휘적 범주이다. 중국어의 예절 관련 인사말은 대우보다는 관례적인 표현이 많다. 가령 상대방을 대우해주는 표현이라 하더라도 "別客气(괜찮습니다)", "節日好(명절인사 드립니다)", "新年好(새해인사 드립니다)" 등 예절성 인사말은 어휘 차원의 대우어가 아니라 구(句) 차원의 대우표현이다. 공경설이 주장하는 경겸사가 바로 본고에서 다루고자 하는 어휘 차원의 대우어에 근접하다.

중국어는 경겸사를 둘러싸고 일반적으로 '称謂性敬謙詞(칭위성경겸사)'와 '表述性敬謙詞(표술성경겸사)'로 나뉘는데 다시 말하면 체언류 대우어와 용어류 대우어로 구분한다. 그러나 다음 〈표 8〉과 같이 구 단위의 '表述性敬謙短語(표술성경겸구)'도 '表述性敬謙詞'에 포함시켜 언급하는 것이 일반적이기도 하다.

〈표 8〉 중국어 敬謙詞 체계

称謂性敬謙詞(칭위성경겸사)	代詞称謂性敬謙詞(대사칭위성경겸사)	第二人称代詞(제이인칭대사)	敬称(경칭) 예: 您.
			通称(통칭) 예: 你.
		敬謙代詞(경겸대사) 예: 子, 足下	
		自謙代詞(자겸대사) 예: 在下, 鄙人	
	名詞称謂性敬謙詞(명사칭위성경겸사)	通用称謂性敬謙詞(통용칭위성경겸사) 예: 師傅, 同志	
		親屬称謂性敬謙詞(친속칭위성경겸사) 예: 尊堂, 家父	
		類親屬称謂性敬謙詞(유친속칭위성경겸사) 예: 阿姨, 叔叔, 大嬸	
		從儿称謂性敬謙詞(종아칭위성경겸사) 예: 奶奶	
		官職称謂性敬謙詞(관직칭위성경겸사) 예: 書記, 科長	
		年老称謂性敬謙詞(연로칭위성경겸사) 예: 老李, 張老	

		職業和職称称謂性敬謙詞(직업과직칭칭위성경겸사) 예: 大夫, 教授
		外交称謂性敬謙詞(외교칭위성경겸사) 예: 閣下, 夫人
表述性 敬謙詞 (표술성 경겸사)	表述性 敬謙語素 (표술성 경겸어소)	修飾事物的表述性敬謙語素(수식사물적표술성경겸어소) 예: 拙-: 拙筆, 拙稿, 拙文, 拙見 　　貴-: 貴庚, 貴姓, 貴体, 貴方
		修飾動作的表述性敬謙語素(수식동작적표술성경겸어소) 예: 拜-: 拜托, 拜候, 拜別, 拜讀 　　惠-: 惠賜, 惠顧, 惠贈, 惠予
		動詞性和副詞性敬謙語素(동사성과부사성경겸어소) 예: 仰-: 仰承 　　幸-: 幸會
	表述性 敬謙詞 (표술성 경겸사)	表述性敬謙詞(표술성경겸사) 예: 高齡, 高壽, 高見
		不包含敬謙語素的表述性敬謙辭(불포함경겸어소적 표술성경겸사) 예: 涂鴉, 斗胆, 海涵
	表述性 敬謙短語 (표술성 경겸구)	聯合型(연합형) 예: 抛磚引玉, 孤家寡人, 金口玉言
		主謂型(주위형) 예: 蓬篳增輝, 嘉賓惠臨, 馬齒徒增
		動賓型(동빈형) 예: 拜讀大作, 辱臨寒舍, 高抬貴手
		偏正型(편정형) 예: 一家之言, 金石之言, 班門弄斧

　중국어의 대우어 층위에 관한 구분은 한국어에 비해 한결 간단한 편
이다. 중국어 대우어는 경겸사 위주로 다루기에 〈표 9〉와 같이 대우어
등급은 '존경'과 '겸손', 즉 높임과 낮춤의 이지적 대립으로 2등분을 보인
다. '같음'을 나타내는 일반어는 경겸사에서 취급하지 않는 만큼 특정
용어로 설명하지 않는 것이 관례이다. 대신 어휘적 범주의 '敬詞'와 '謙

詞를 문체에 따라 문어체와 구어체로 구분하여 살펴본다. 문어체는 문장이나 정중한 장소에서 주로 사용하고 구어체는 일상 대화에서 주로 사용된다. 이는 한국어 청자대우법에서 종결어미에 따라 격식체와 비격식체로 구분하는 것과 상사한 것으로 이해할 수 있다.

〈표 9〉 劉宏麗(2001)의 중국어 대우어 등급

등분	어휘적 범주	
	문어체	구어체
높임(존경)	敬詞	敬詞
낮춤(겸손)	謙詞	謙詞

2.3. 소결

대우와 관련된 용어들이 많다고 하지만 많이는 상대방을 존경하는 수단으로 남을 높이거나 자기를 낮추는 표현특징을 보여주는 용어인바, 사람과 사람 사이의 관계 확립을 통하여 적절히 대처함을 나타내는 데는 대우법이란 용어가 적절하다.

한국어의 대우법 체계를 살펴보면, 대부분 논의는 문법적 범주에 치중되고 어휘적 범주를 다루더라도 문법 영역에 들락날락하면서 일관성을 보이지 못하고 있는 것이 문제점이다. 문법 위주의 대우법 체계는 대우 등급을 종결어미 기준으로만 구분하고 있는데 다행히 문법-어휘 병립의 대우법 체계는 문법적 범주와 어휘적 범주 각각에 대우 등급을 부여하고 있다. 한국어의 대우표현은 문법적 범주로만 층위성을 나타내는 것이 아니라 어휘적 범주에서도 충분히 그 층위성을 나타낼 수 있고 그 층위성 또한 분명하여 대우표현을 확실하게 할 수 있다고 생각한다.

중국어의 대우법 체계를 살펴보면, 문법적 범주가 무시되고 어휘적 범주에 치중되며 대우어에 대한 경계 구분이 모호하다는 문제점이 존재한다. 인사성 예절어를 대우어에 포함시키는가 안시키는가 하는 문제인데 인사성 예절어는 어휘가 아닌 구 단위이고, 그리고 대우 등급 또한 분명하지 않다. 중국어의 경겸사는 높임과 낮춤의 대우 등급을 보여주고 문체에 따라 문어체와 구어체의 구분도 있다.

대우는 사람과 사람 사이의 높이고 낮추는 관계를 표현하는바, 화자와 청자 사이, 화자와 제삼자 사이의 관계를 표현한다. 이 같은 대우표현은 한국어에서는 문법적 차원에서 체현될 뿐 아니라 어휘적 차원에서도 분명하게 체현되는바, 대우표현은 대우법과 대우어로 구분하여 다룰 필요가 있다. 대우법은 주체대우법, 객체대우법, 청자대우법의 체계로 잘 정리되어 있고 대우어도 독자적인 체계로 정연하게 정리될 수 있다. 한국어의 대우표현은 대우어의 체계와 대우법의 체계가 서로 조화를 이뤄 대우관계를 표현하는 복잡한 계통이다. 기존에 대우표현을 대우법 위주로, 줄곧 대우어를 대우법 속에서 포함시켜 설명하려 하였기에 대우어의 일관성을 유지하는데 어려움을 느꼈던 것으로 생각한다.

김태엽(2007)은 한국어 대우법을 타인대우법과 자기대우법으로 구분하였는데, 대우어 역시 타인대우어와 자기대우어로 구분하여 볼 필요가 있다. 타인대우어란 대화상의 청자 또는 제삼자에게 쓰이는 대우 어휘로서 이를 존대대우어, 평대대우어, 하대대우어로 분류할 수 있다. 화자와 청자 또는 제삼자와의 관계에 따라 높이거나, 높이지도 낮추지도 않거나, 낮춤의 대우를 선택할 수 있다. 자기대우어란 화자 자신에게 쓰이는 대우 어휘로서 이를 평대대우어와 겸양대우어로 분류할 수 있다. Leech(1983)의 예절원칙에 따르면[14] 남은 높이고 자기는 낮추는 것을 기본원칙으로 한다. 때문에 간혹 자신을 높여 대우하는 어휘도 있지만 자기대우어로는 평대대우어와 겸양대우어만 취급한다. 대우어는 또 사용되는 장면에 따라 문어체와 구어체로 구분할 수 있다. 문장이나 정중한 공식적인 장소에서 사용되는 것은 문어체 대우어이고 일상 생활에서 사용되는 것은 구어체 대우어이다.

따라서 본고에서 다루고자 하는 대우어 체계를 다음과 같이 정리한다. 대우표현은 문법적 범주와 어휘적 범주를 구분하여 대우법과 대우어로 각각 다룬다. 대우어는 타인을 대우하여 표현하는 타인대우어와 자기를 대우하여 표현하는 자기대우어로 구분하며, 이를 또 문체에 따라 문어체 대우어와 구어체 대우어로 구분한다. 타인대우어는 존대대우어, 평대대우어, 하대대우어의 3등분 체계를 이루고 자기대우어는 평대대우어와 겸양대우어의 2등분 체계를 이룬다.

(4) 대우표현:　가)　대우법
　　　　　　　　나)　대우어

(5) 대우어: A. 타인대우어
　　　　　　　문어체 대우어: 존대대우어, 평대대우어, 하대대우어.
　　　　　　　구어체 대우어: 존대대우어, 평대대우어, 하대대우어.

---

14) 1) 得体原則(Tact Maxim), 2) 慷慨原則(Generosity Maxim), 3) 贊譽原則(Approbation Maxim), 4) 謙遜原則(Modesty Maxim), 5) 一致原則(Agreemen Maxim), 6) 同情原則 (Sympathy Maxim). 周筱娟(2005:4-5) 재인용.

B. 자기대우어

　　문어체 대우어: 평대대우어, 겸양대우어.

　　구어체 대우어: 평대대우어, 겸양대우어.

제3장 한·중 대우어의 양상

대우어는 양적으로 숫자가 많고 그 양태도 복잡하다. 한국어 대우어에 관하여 최근 일부 논의들에서 어휘목록을 제시하지만 일단 양적으로 적고 미흡한 점이 많다. 김종훈(1994)에서는 대우어 500여 개를 제시하고 있는데 대우법 어휘들에 대해 유형 분류도 진행했지만 구체적이지 못하고 어휘 수도 제한적이라는 문제점이 있다. 이윤하(2001)는 지면 관계로 일부만 제시한다고 밝히고 170여 개의 어휘를 제시하였고 한길(2002)에서도 그와 비슷한 개수를 제시하였다.

중국어 대우어와 관련하여 『谦词敬词婉词』, 『敬謙語小詞典』, 『謙辭敬辭詞典』 등은 경겸사 사전의 형식으로 대량의 어휘목록을 작성하고 있지만 한자 어소에 따른 배열을 하고 있을 뿐 구체적인 유형 분류는 진행하지 못했다. 馬慶株(1996), 洪成玉(1998), 劉宏麗(2009) 등은 경겸사 어휘에 대하여 유형 분류를 진행하고 있지만 그 주안점을 역사적 통시 비교, 문화적 해석에 두는 만큼 일부 대표적인 예들만 보여주고 있다.

본 연구는 한국어와 중국어의 대우어 체계를 전반적으로 살피면서 각각의 특징을 밝히고 두 언어의 대우어 양상을 살펴보고자 한다.

3.1. 한국어 대우어의 양상

여기서는 대우어의 전반 양상을 살펴보려고 하기에 될수록 많은 어휘를 추출하고 분석하려 하였다.

『표준』의 편찬 지침에서는 표제어 선정 원칙을 다음과 같이 규정하고 있다.

    (1)『표준』의 표제어 어휘 선정 일반 원칙
      ① 일상에서 널리 쓰는 말을 수록한다.
        가) 표준어는 모두 수록한다.
        나) 비표준어는 널리 쓰는 것을 선별하여 수록하되, 대응하는 표준
            어와의 관계를 파악할 수 있도록 한다.
      ② 북한의 문화어를 폭넓게 수용한다. 북한의『조선말 대사전』에 수
        록된 어휘를 선별하여 수록한다.
      ③ 전문 분야의 언어를 영역별로 선별하여 수록한다.
      ④ 방언을 지역별로 선별하여 수록한다.
      ⑤ 옛말을 선별하여 수록한다.

『표준』의 표제어 어휘 선정 일반 원칙을 살펴보면 표제어로 오르는 단어는 표준어, 비표준어, 북한어, 방언, 옛말 등 다양한 영역이 포함된다. 그러나 본고에서 대우어를 뽑을 때는 한국어 표준어만을 다룰 것이며 비표준어, 북한어, 방언, 옛말 등은 제외하고자 한다. 표준어가 아닌 경우는 사전에서 뜻풀이 또는 표지로 표기되었기에 이를 쉽게 판별할

수 있다.[1]

인터넷 판 『표준』의 검색기능을 이용하여 대우법 어휘적 범주인 높임말과 낮춤말의 사전 뜻풀이 유형을 설정하고 표제어 뜻풀이 검색을 통해 높임말과 낮춤말의 어휘목록을 작성하였다.

(2) '높임말'의 목록을 정하기 위한 사전 뜻풀이에 포함된 내용의 유형
 ① '높임말' 예: 계시다 – '있다'의 높임말.
 ② '높임의 뜻' 예: 가라사대 – '가로되'보다 높임의 뜻을 나타낸다.
 ③ '높여' 예: 가존(家尊) – 자기의 아버지 또는 남의 아버지를 높여 이르는 말.
 ④ '경칭' 예: 각하(閣下) – 【1】 특정한 고급 관료에 대한 경칭.
 ⑤ '존칭' 예: 유인(孺人) – 【2】 생전에 벼슬하지 못한 사람의 아내의 신주나 명정에 쓰던 존칭.
 ⑥ '존대하여' 예: 학형(學兄) – 나이가 비슷하거나 더 많은 학우를 존대하여 이르는 말.

(3) '낮춤말'의 목록을 정하기 위한 사전 뜻풀이에 포함된 내용의 유형
 ① '낮춤말' 예: 가속(家屬) – '아내'의 낮춤말.
 ② '낮추어' 예: 가아(家兒) – 남에게 자기의 아들을 낮추어 이르는 말. / 저– 말하는 이가 윗사람이나 그다지 가깝지 아니한 사람을 상대하여 자기를 낮추어 가리키는 1인칭 대명사.
 ③ '겸손의 뜻' 예: 산인(山人) – 문인이나 묵객들이 자기의 별호 밑에 붙여 겸손의 뜻을 나타내는 말.

---

1) 『표준』에서는 표제어마다 표준어와 비표준어 여부를 분명하게 밝히는데 표준어가 아닐 경우 다음과 같이 구분하였다. 1) '–의 잘못'으로 뜻풀이된 표제어. 2) '–의 방언'으로 뜻풀이되거나 '방'이라는 표지가 있는 표제어. 3) '–의 북한어'로 뜻풀이되거나 '북'이라는 표지가 있는 표제어. 4) '–의 옛말'로 뜻풀이되거나 '옛'이라는 표지가 있는 표제어.

④ '겸양의 뜻' 예: 뵙다 - '뵈다'보다 더 겸양의 뜻을 나타낸다.
⑤ '겸손하게' 예: 누견(陋見) - 자신의 견해를 겸손하게 이르는 말.
⑥ '낮잡아' 예: 얼굴짝 - '얼굴'을 낮잡아 이르는 말.

한국어의 대표적인 대사전인 『표준』에서 대우의 의미를 지니는 어휘들의 뜻풀이가 이와 같이 통일되지 않은 양상을 보이는 것은 한국에서 대우어에 대한 연구가 그만큼 체계화되지 않았다는 점을 역설적으로 말해준다. 본고에서 검토한 뜻풀이 유형 이외에도 대우법 어휘와 관련한 뜻풀이가 더 포함되었을 수 있겠으나 (2)와 (3)에서 제시한 뜻풀이 유형에 대개는 포함되리라 본다. 대신 『고려대』나 『연세』 두 사전의 대우어에 대한 뜻풀이 유형화는 『표준』보다 더 잘 되어 있지만 인터넷 검색기능이 결여하여 어휘 추출이 불편하다는 문제점이 있다.

상기 뜻풀이 유형에 따라 추출된 대우어 중에서 위에서 말한 비표준어, 북한어, 방언, 옛말 등은 제외하고 표준어만의 어휘목록을 작성하였다.

대우표현은 두 가지의 기본적인 바탕을 가지고 있는데, 하나는 청자 또는 제삼자, 즉 타인에 대한 대우표현이고 다른 하나는 화자 즉 자기에 대한 대우표현이다. 문법적 차원에서 화자가 타인에 대해 대우하는 타인대우법은 대우하는 대상에 따라 청자대우법, 주체대우법, 객체대우법 등이 있고 화자가 자신을 대우하는 자기대우법은 곧 화자대우법이라 할 수 있다(김태엽 2007:63). 어휘적 차원에서 화자가 타인에게 사용하는 대우어는 타인대우어이고, 화자가 자기 자신에게 사용하는 대우어는 자기대우어이다.

한국어 대우법이 실현되는 기본적인 틀은 다음 (4)와 같다.

(4) 화자 - [NP₁- NP₂-VP] S -청자

(4)는 화자와 청자 사이에 발화되는 문장의 성분 중에서 대우법의 실현에 관련되는 성분을 중심으로 나타낸 한국어 대우법의 기본적인 틀이다. (4)에서는 화자와 청자가 문장 밖에 위치해 있지만, 어떤 경우에는 문장 안에 나타날 수도 있다. 즉 문장의 주어로 기능하는 주체 및 목적어와 부사어로 기능하는 객체에 화자와 청자가 선택될 수도 있지만, 문장의 주체와 객체에 다른 사람 즉 제3자가 선택될 수도 있다. 따라서 (4)와 같이 나타낸 대우법의 기본적인 틀은 화자와 청자가 중심적 역할을 수행하는 담화의 두 주체임을 보여준다. (4)에서 문장의 주체와 객체 그리고 청자가 타인일 경우도 있으며, 문장의 주체와 객체가 화자 자신일 경우도 있다. 따라서 (4)에서 문장의 주체, 객체, 청자가 타인일 경우에는 타인대우법이 실현되고, 문장의 주체와 객체가 화자 자신일 경우에는 자기대우법이 실현된다. 다시 말하면 (4)의 문장 안에 명사구 NP₁과 NP₂에 청자나 제삼자가 선택되는 경우에는 타인대우어가 쓰이고, NP₁과 NP₂에 화자 자신이 선택되는 경우에는 자기대우어가 선택되어 쓰인다.

타인대우어이든, 자기대우어이든 'NP₁', 'NP₂', 'VP' 에 선택되는 어휘는 크게는 세 가지 영역에서 반영된다. 하나는 칭호 관련어이고 두 번째는 사물 또는 대상을 지시하는 지시 관련어이고 세 번째는 동작 관련어이다.[2] 여기서는 이 세 영역에서의 타인대우어와 자기대우어의 구체

---

2) 임지룡(1991:121-128), 국어의 기초 어휘에 대한 연구대분류 9, 소분류 35, 1,500항목]
Ⅰ. 사람에 관한 어휘(201)
  1. 인체(68)
    ㄱ.기관(42) ㄴ.생리·질병(26)

적인 의미 유형들을 살펴보고자 한다.

3.1.1. 한국어 타인대우어

현대 한국어라 할지라도 문장 또는 공식적인 정중한 장소에서 쓰이

2. 정신(25)
3. 부류(101)
    ㄱ.사람 일반(32) ㄴ.친척(34) ㄷ.직업(34)
4. 기타(7)
Ⅱ. 의식주에 관한 어휘(159)
    1. 의생활(21) 2. 식생활(57) 3. 주생활(20), 4. 생필품(61)
Ⅲ. 사회생활에 관한 어휘(160)
    1. 사회조직(30)
    2. 제도·관습(28)
    3. 교통·통신(30)
        ㄱ.교통(17)
        ㄴ.통신(13)
    4. 공공시설(21)
    5. 경제분야(51)
        ㄱ.경제일반(12) ㄴ.농업(16) ㄷ.어업(9) ㄹ.상업(17) ㅁ.공업(6)
Ⅳ. 교육 및 예체능에 관한 어휘(150)
    1. 교육일반(39) 2. 언어(36) 3. 문학(9) 4. 체육·오락(37) 5. 음악(21) 6. 미술(8)
Ⅴ. 자연계에 대한 어휘(165)
    1. 천체(6) 2. 지리·지형(28) 3. 자연현상(34) 4. 동물(59) 5. 식물(28) 6. 광물(6)
Ⅵ. 감각 및 인식에 관한 어휘(165)
    1. 일반부류(17)
    2. 공간(36)
    3. 시간(34)
    4. 수량(57)
        ㄱ.수량(37) ㄴ.수량단위(20)
    5. 추상(21)
Ⅶ. 동작에 관한 어휘(250)
Ⅷ. 상태에 관한 어휘(150)
Ⅸ. 기타(100)
    1. 대명사(15) 2. 의존명사(10) 3. 부사(49) 4. 보조동사·형용사(9) 5.관형사(17)

는 고풍적인 문어체 대우어와 일상 생활에서 쓰이는 구어체 대우어는 그 체계를 구별해야 한다. 청자대우법에서 말하는 격식체, 비격식체와도 상통되는 부분이 있긴 하지만 격식체, 비격식체는 어디까지나 종결어미에 의해 분류되는 체계이다. 대우표현에서 문어체가 더욱 다양하겠지만 장면의 변화나 화자의 심리 변화에 따라 순간적으로 변할 수 있는 구어체가 사용 면에서는 더욱 활발하다. 다음에 한국어 대우어들의 각 유형을 문어체와 구어체 별로 각각 살펴본다.

3.1.1.1. 칭호 관련어

칭호 관련어는 호칭어와 지칭어로 구분할 수 있다. 타인대우어에서 호칭어는 청자를 부르는 말로서 주로 청자대우법에서 사용된다. 지칭어는 청자 또는 제삼자를 가리켜 이르는 말로서 주체대우법, 객체대우법, 청자대우법에 두루 쓰일 수 있다.

1) 친족 호칭어

호칭어는 친족 호칭을 위주로 사전에 등재되어 있다. 예의상 청자를 앞에 두고 하대하여 부를 수 없는바, 호칭어는 존대대우어와 평대대우어만 존재한다.

〈표 1〉에서 보다시피 상위 2세대와 상위 1세대의 자기 친족에 대한 호칭들을 살펴보면 평대대우어로는 고유어계의 구어체로 분포되는데, 친족관계상 혈연관계가 없는 '아내의 부모'와 '남편의 부모'에 대해서는 평대 대우 호칭이 존재하지 않는다. 이는 '유대' 관계상 거리가 멀기 때문이라고 해석할 수 있다. 존대대우어로는 고유어계가 구어체를 이루고, 혼종어계가 문어체를 이루는 양상을 보인다. 일상에서 우리는 '할

아버지', '할머니'로 평대 대우로 자주 호칭하지만 편지나 공식적인 장소에서는 '할아버님, 祖父님', '할머님, 祖母님'으로 호칭한다. '할아버님, 할머님'도 존대대우어이고 편지나 문장에서 못 쓰이는 것은 아니지만 어디까지나 구어체에 속한다. '할아버지', '할머니'에 대한 문어체 호칭은 존대 대우표현 '祖父님', '祖母님'이다. 그러나 '아버지, 어머니'에 대하여서는 '아버님, 어머님'으로만 호칭될 뿐 문어체로 '부친님, 모친님'으로는 호칭되지 않는다. 따라서 '아버지, 어머니'에 대한 문어체 존대 대우어는 공백을 보인다. 그리고 '祖父님, 祖母님'에 대응되는 외가의 '外祖父님, 外祖母님'은 『표준』, 『고려대』, 『연세』 세 사전에 모두 표제어로 등재되지 않았는데, 이것은 '外祖父님, 外祖母님'의 사용빈도가 무척 낮음을 말해준다.3) 또한 그 내면에는 친가를 높이고 외가를 낮추는 유교적 사상이 바탕이 된다고 생각한다. '丈人어른, 丈母님' 등은 문어체 호칭어라 하지만 구어에서 종종 사용되며 고유어계의 구어체보다 더 정중한 표현일 뿐이다.

〈표 1〉 상위 세대에 대한 한국어 자기 친족 호칭어

		평대대우어		존대대우어	
		문어체	구어체	문어체	구어체
상위 2세대	아버지의 아버지		할아버지	祖父님	할아버님
	아버지의 어머니		할머니	祖母님	할머님
	어머니의 아버지		외할아버지	(外祖父님)	외할아버님
	어머니의 어머니		외할머니	(外祖母님)	외할머님

---

3) '外祖父, 外祖母'는 『표준』과 『고려대』, 『연세』에 '어머니의 아버지 또는 어머니'를 지칭하는 평대 대우의 지칭어로 등재되어 있다.

상위 1세대				
본인의 아버지		아버지		아버님
본인의 어머니		어머니		어머님
아내의 아버지			丈人어른	아버님
아내의 어머니			丈母님	어머님
남편의 아버지				아버님
남편의 어머님				어머님

본인 세대의 자기 친족들에 대한 호칭어를 살펴보면 〈표 2〉에서 보다시피 손위 남자와 손위 여자에 대해서는 구어체 평대대우어와 존대대우어가 존재한다. 그리고 부부 사이에는 서로 '여보'라 호칭하고 아내는 남편을 문어체로 '書房님'이라 존대대우어로 호칭할 수 있다. 그러나 자신의 손아래 사람을 호칭할 때는 존대 대우 호칭은 당연 존재하지 않는 것이고 평대 대우의 친족 호칭어도 존재하지 않는다. 손아래 동생이나 자기 하위 세대의 '아들, 딸, 며느리, 사위' 등을 호칭할 때는 친족 호칭이 아닌 이름이나 감탄사로 호칭하기 때문이다. 그리고 '兄, 兄님' 같은 경우, 한자어 또는 혼종어이지만 한국어에 고유어로서의 호칭이 없기에 한국어의 구어체로 역할하게 된다.

〈표 2〉 본인 세대에 대한 한국어 자기 친족 호칭어

		평대대우어		존대대우어	
		문어체	구어체	문어체	구어체
본인 세대	손위 남자		兄		兄님
			오빠		오라버니, 오라버님
	손위 여자		누나		누님
			언니		
	손아래 남자				

손아래 여자				
남성 배우자		여보	**書房**님	
여성 배우자		여보		

2) 친족 지칭어

타인대우어의 지칭어는 청자대우법뿐 아니라 주체대우법, 객체대우법에 모두 관여되는 만큼 그 양상 또한 복잡하다. 친족 지칭어뿐 아니라 사회적 관계를 가지는 사람들에 대한 지칭어, 청자 또는 제3자를 이르는 인칭대명사 지칭어, 종교에서 신 또는 종교 관련자에 대한 지칭어 등이 있다.

친족 지칭어는 남의 친족에 대한 지칭어와 자기 친족에 대한 지칭어로 구분된다.

남의 친족의 상위 세대 지칭어를 살펴보면, 평대대우어, 존대대우어, 하대대우어 3등분의 체계를 모두 갖추고 있다. 〈표 3〉에서 보다시피 상위 2세대의 평대대우어와 존대대우어의 구어체를 살펴보면 자기 친족 호칭어의 구어체와 다를 바 없지만 문어체 대우어는 호칭어에 비해 매우 풍부하다. 상위 1세대의 평대대우어와 존대대우어도 마찬가지로 풍부한 문어체 지칭어를 자랑하고 있다.

그러나 여기서 구어체 '할아비, 할미, 아비, 어미' 등을 하대대우어로 볼 수 있는가 하는 문제가 있다. 『표준』은 '어미'를 '어머니「1」과 어머니「2」의 낮춤말'이라 해석하고 있다. (6)①은 어머니가 자기 자신을 낮추어 일러 '어미'라 한 것이고, (6)②는 바로 '어머니「2」'에 대한 하대대우어라 생각한다. (6)②는 청자의 어머니보다 항렬이 높은 사람이거나 청자의 어머니와 항렬이 비슷한 사람이 청자의 어머니를 지칭할 때 사용하는 것으로서 이는 직접 '어머니'라 지칭하기보다 화자가 청자의 어머니와 친근한 관계임을 보여주어 존대도는 낮추지만 '유대성'4)을 강조하는바 '어머니'의 하대대우어로 취급하여야 한다. 그러나 (6)③의 경우는 하대 대우의 정도가 아니라 저속한 욕설에 가까우므로 대우어의 범주로 볼 수 없다. 따라서 '할아비, 할미, 아비, 어미' 등은 문맥 상황에 따라서 하대대우어로 분류되는 것이다.

(5) 『표준』 뜻풀이

어머니「1」: 자기를 낳아 준 여자를 이르거나 부르는 말.

어머니「2」: 자녀를 둔 여자를 자식에 대한 관계로 이르거나 부르는 말.

(6) ① 이 어미 때문에 너희들이 고생이다.

② 너의 어미는 어디 갔니?

③ 이 어미 없는 자식아!

〈표 3〉 상위 세대에 대한 한국어 남의 친족 지칭어

		평대대우어		존대대우어		하대대우어	
		문어체	구어체	문어체	구어체	문어체	구어체
상위 2세대	남의 아버지의 아버지	祖父, 王考, 祖考	할아버지	祖父님, 王大人, 王丈, 王尊丈, 祖父丈, 王考丈	할아버님		할아비
	남의 아버지의 어머니	祖母, 祖妣	할머니	祖母님, 王大夫人	할머님		할미

4) 유송영(1996)은 대우 정도성에 대하여 '힘'과 '유대'의 관계로 설명한다.
5) 그 외: 椿府, 春府大人, 椿丈, 椿庭, 尊公, 尊大人, 先大人, 先考丈, 先丈.
6) 그 외: 堂老, 母夫人, 母主, 北堂, 萱堂, 尊縕(존온), 先大夫人.

	남의 어머니의 아버지	外祖父, 外翁, 外王父, 外祖	외할아버지	(외조부님)	외할아버님		외할아비
	남의 어머니의 어머니	外祖母, 外王母	외할머니	(외조모님)	외할머님		외할미
상위 1세대	남의 아버지	父親	아버지	椿府丈, 春堂, 令尊 ……5)	아버님, 어르신네, 어르신, 어른		아비
	남의 어머니	母親	어머니	尊母, 慈堂, 大夫人, 母堂, 令堂, 令母, 尊堂, ……6)	어머님		어미
	남의 아내의 아버지	丈人, 岳公, 岳翁, 岳丈, 妻父	가시 아버지	御丈, 丈人 어른			가시아비
	남의 아내의 어머니	丈母, 妻母	가시 어머니	丈母님			가시어미
	남의 남편의 아버지	媤父, 嚴舅	媤아버지	尊舅 (존구)	媤아버님		시아비
	남의 남편의 어머님	媤母	媤어머니	尊姑, 慈姑, 皇姑	媤어머님		시어미

　본인과 같은 세대 및 하위 1세대의 남의 친족 지칭어 중, 하대대우어로는 구어체 '오라비, 오라범, 아들놈, 딸년' 뿐이다. 상대방의 손위 남자와 손위 여자에 대한 구어체 지칭어는 성별 구분을 하여 '형, 형님', '오빠, 오라버니, 오라버님', '누나, 누님', '언니' 등과 같이 쓰이지만, 문어체 지칭어는 성별 구분 없이 상대방의 손위 남자는 '令兄, 伯氏, 仲氏, 仲兄' 등으로 지칭하고 상대방의 손위 여자는 '女兄, 令姊, 姊氏' 등으로

지칭한다. 상대방의 손아래 동생들이나 하위 세대 '아들, 딸, 며느리, 사위'라 할지라도 평대 대우 지칭어와 존대 대우 지칭어만 존재할 뿐 하대 대우 지칭어는 존재하지 않는다. 이는 상위 세대 친족 지칭어에 하대대우어가 존재하는 것과 대조적이다.

그리고 '남의 아내'와 '남의 남편'에 대한 문어체 지칭어를 대조해보면 '남의 아내'에 대한 문어체 지칭어 표현이 훨씬 많다. 이는 사회생활 및 문장 활동을 주로 남성들이 진행하던 옛날 사회 모습의 잔재라 할 수 있다.

〈표 4〉 본인과 같은 세대 및 하위 1세대의 한국어 남의 친족 지칭어

		평대대우어		존대대우어		하대대우어	
		문어체	구어체	문어체	구어체	문어체	구어체
본인 세대	남의 손위 남자		兄	令兄, 伯氏, 仲氏, 仲兄	兄님		
			오빠		오라버니, 오라버님		오라비, 오라범
	남의 손위 여자	女兄.	누나	令姉, 姉氏	누님		
			언니				
	남의 손아래 남자	弟男.	남동생, 아우	介弟, 令弟, 弟氏, 季氏, 賢弟	아우님		
	남의 손아래 여자	妹弟, 女弟.	여동생, 누이동생	妹氏, 令妹, 賢妹			
	남의 남편	夫壻, 丈夫, 家君.	남편	夫君, 書房님			
	남의 아내	閨室, 內眷, 妻,	아내	夫人, 貴夫人,			

하위 1세대	남의					
		妻室		令夫人, 賢夫人, ……7)		
	남의 아들		아들	貴息, 令息, 令郎, ……8)	아드님	아들놈
	남의 딸	小艾, 女息	딸	令愛, 閨愛, 令女, ……9)	따님	딸년
	남의 며느리	息婦, 子婦	며느리		며느님	
	남의 사위	女壻	사위	賢壻, 壻郎, 令壻		

존대 대우 지칭은 남의 친족에게만 쓰이는 것이 아니라 자기 친족에게도 쓰일 수 있다. 대화 속에 청자, 화자, 제삼자가 출현할 경우 대우관계는 화자와 청자 사이에만 이루어지는 것이 아니라 화자와 제삼자 사이에도 이루어질 수 있다. 청자와 화자 사이의 대우관계를 중요시할 경우에는 제삼자가 자신의 손위 친족이라도 청자를 높여 대우하는 차원에서 자신의 친족에 대하여는 평대대우어로 지칭한다. 그러나 청자가 아닌 제삼자와의 대우 관계를 더 중요시 할 경우에는 자신의 친족이라 하더라도 존대대우어를 사용할 수 있다. (7)의 ①을 보면 화자는 청자와의 대우관계를 중요시하여 '저의 아버지' 또는 '家父'로 자기 아버지를 평대대우어로 지칭하였지만 (7)의 ②는 제삼자인 자기 할아버지

7) 그 외: 令閨, 令室, 令正, 閤夫人(합부인), 賢閤, 內君, 內裏, 內室.
8) 그 외: 令嗣(영사), 令允(영윤), 令子, 玉允, 允君, 允玉, 允友, 允兄.
9) 그 외: 愛玉, 令嬌, 令娘, 令孃(영양), 令媛(영원), 玉女.

와의 대우관계를 중요시하여 '王父'라는 존대대우어를 사용하였다.

(7) ① 저의 아버지/家父가 안부 전해드리라고 하셨습니다.
② 王父께서 방문하시겠다고 하옵니다.

한국어 대우어에서 '친가를 높이고 외가를 낮추는' 현상은 '王父, 王母', '外王父, 外王母'의 대우 구별에서도 반영된다. '王父, 王母'는 글 또는 편지 따위에서 자기 친가 '할아버지, 할머니'에 대한 존대 대우 지칭어이고 '外王父, 外王母'는 자기 친족과 남의 친족에 모두 쓰이지만 평대 대우 지칭어로 쓰인다. 중국어에서는 '王父, 王母, 外王父, 外王母' 등이 모두 문어체 평대대우어로 쓰이는데, 이들이 한국어로 인입된 후 '王父, 王母'는 대우 존대도가 상승된 것이다.

한국어에서 자기 친족 지칭어는 평대대우어와 존대대우어 2등분으로 되어 있는데, 상위 2세대부터 하위 1세대까지 정리해보면 다음 〈표 5〉와 같다.

〈표 5〉 타인 대우의 한국어 자기 친족 지칭어

		평대대우어		존대대우어	
		문어체	구어체	문어체	구어체
상위 2세대	자기 아버지의 아버지	祖父	할아버지	祖父님, 王父, 先祖父, 皇祖, 皇祖考	할아버님
	자기 아버지의 어머니	祖母	할머니	祖母님, 王母, 先祖母	할머님
	자기 어머니의 아버지	外祖父, 外王父	외할아버지	(外祖父님)	외할아버님
	자기 어머니의 어머니	外祖母, 外王母	외할머니	(外祖母님)	외할머님

상위 1세대	자기 아버지	父親, 家父	아버지	家親, 家君, 家大人, 家嚴, 嚴親, 嚴父, ……10)	아버님
	자기 어머니	母親, 家慈, 家母, ……11)	어머니	慈親, 慈闈(자위)	어머님
	자기 아내의 아버지	丈人, 岳公, 岳翁, 岳丈, 妻父	가시아버지	御丈	장인어른
	자기 아내의 어머니	丈母, 妻母	가시어머니		장모님
	자기 남편의 아버지	媤父, 嚴舅	시아버지	尊舅(존구)	媤아버님
	자기 남편의 어머님	媤母	시어머니	尊姑, 慈姑, 皇姑	媤어머님
본인 세대	자기 손위 남자		형	俊兄	兄님,
			오빠		오라버니, 오라버님
	자기 손위 여자	女兄	누나		누님
			언니		
	자기 손아래 남자	弟男	남동생, 아우		
	자기 손아래 여자	妹弟, 女弟	여동생, 누이동생		
	자기 남편	夫壻, 丈夫, 家君, 家夫		郎君님, 書房님	
	자기 아내	閨室, 內眷, 妻, 妻室			
하위 1세대	자기 아들		아들		
	자기 딸	小艾, 女息	딸		
	자기 며느리	息婦, 子婦	며느리		
	자기 사위	女壻	사위	賢壻	

---

10) 그 외: 嚴君, 先親, 先考, 先君, 先君子, 先父, 先嚴, 先人, 先父君, 皇考.

3) 사회적 통용 지칭어

사회적 통용 칭호라 함은 어떤 계층이나 어떤 부류에 속한 사람들에 대해 사회적으로 두루 부르거나 이르는 칭호를 말한다. 사회적 통용 칭호는 평대대우어와 존대대우어가 위주이고 일부 하대대우어도 있다.

한국어의 사회적 통용 호칭은 친족 호칭을 빌어 사용하는 경우가 많다. (8)과 같이 혈연적 관계가 없는, 지어 초면인 사람에게도 친근감을 더 하기 위하여 친족 호칭으로 호칭하는 경우가 많다. 이 같은 사회적 통용 호칭에서는 '아버님, 어머님'을 제외하고는 보통 존대대우어가 아닌 '할아버지, 아저씨, 오빠' 등 평대대우어를 사용하는 것이 일반적이다.

(8) ① 할아버지, 길 좀 물읍시다.
② 아버님, 건강하세요.
③ 아저씨, 노트 두 개 주세요.
④ 오빠, 맛있는 거 사줘요.

여기서는 사전에 표제어로 등재된 사회적 통용 지칭어들을 주로 살펴보고자 한다. 한국은 예로부터 예의지방으로 불리는 만큼 특히 '스승'에 대한 지칭어와 '노인'이나 '연장자'에 대한 지칭어가 발달되었다.
'자기를 가르쳐 이끌어주는 사람'에 관한 평대대우어는 구어체로 '先生, 스승'이 있고 문어체로 '師父'가 있다. 이들에 '-님'이 붙어 존대대우어로 각각 '先生님, 스승님', '師父님'이 있는 외에 문어체 존대대우어로는 '夫子, 師君, 尊師' 등이 더 있다.

---

11) 그 외: 亡母, 先妣, 先慈, 前妣, 顯妣(현비).

<표 6> '스승'에 대한 지칭어

	평대대우어		존대대우어	
	문어체	구어체	문어체	구어체
스승	師父	先生, 스승	師父님, 夫子, 師君, 尊師	先生님, 스승님

'노인'에 대한 사회적 지칭어를 살펴보면 〈표 7〉과 같이 성별 구분 없이 '노인'을 평대하여 구어체로 '늙은이, 노인네'로 지칭하고, '노인'을 존대하여서는 구어체로 '어르신, 어르신네' 등으로 지칭하고, 문어체로는 '老君, 老人丈, 老丈, 老長중, 老尊, 老體, 父老, 尊老, 尊丈' 등으로 존대하여 지칭한다. 그리고 존대대우어는 성별에 따라 구별을 보이는데, 남성 '노인'만을 지칭하는 문어체 존대대우어로는 '老公, 老大人' 등이 있고 여성 '노인'만을 지칭하는 문어체 존대대우어는 '老夫人'이 있다.

〈표 7〉 '노인'에 대한 지칭어

		평대대우어		존대대우어	
		문어체	구어체	문어체	구어체
노인			늙은이, 노인네	老君, 老人丈, 老丈, 노장중, 老尊, 老體, 父老, 尊老, 尊丈	어르신, 어르신네
	남			老公, 老大人	
	여			老夫人	

문어체 존대어 대우어들을 살펴보면, '老' 뒤에 붙은 '公, 君, 大人, 夫人, 丈' 등도 [+높임] 자질을 지니지만 '老' 역시 [+높임] 자질을 지닌다. '老'는 '나이 많음'을 의미할 뿐만 아니라 경험과 경력도 풍부함을 말해주면서 '권위성'을 부여한다. 따라서 '노인'에 대한 존대대우어로 쓰

이는 '老'는 '늙음'보다 '권위성'을 강조하는 기능에서 [+높임]의 의미자질을 지닌다.

성별에 따라 구별을 보이는 타인대우어는 또 '主人'에 대한 존대대우어가 있다. (9)①은 남자 '주인'에 대한 존대대우어이고, (9)②는 여자 '주인'에 대한 존대대우어이다. 그리고 '여성'을 존대하여 이르는 지칭어는 (10)과 같은 '師母님, 女士, 女史' 등이 있다.

(9) ① 主人어른, 主人丈.
  ② 主人宅.

(10) 師母님, 女士, 女史12).

그 외 직업 종사자들에 대한 대우 지칭어들도 있는데, 이들 중 어떤 이는 존대 대우되어 불리고 어떤 이는 하대 대우되어 불린다. '의사, 심마니, 목수, 화가' 등 직업에 종사하는 사람들에 대해서는 (11)①과 같은 존대 대우의 지칭어가 있고, 체력노동을 하거나 단순 기술직에 종사하거나 사회적 지위가 낮은 직업에 종사하는 사람들에 대해서는 (11)②와 같은 하대 대우의 지칭어가 있다.

(11) ① 醫伯, 醫聖, 윗님13), 지위14), 畵伯, 畵仙, 畵聖.
  ② 관상쟁이, 그림쟁이, 글쟁이, 금광쟁이, 기계쟁이, 농사치기, 농악쟁이, 대장쟁이, 마술쟁이, 사주쟁이, 소설쟁이, 숯쟁이, 화초쟁이, 환쟁이, 희극쟁이.

12) 결혼한 여자를 높여 이르는 말.
13) '심마니'를 높여 이르는 말.
14) '목수(木手)'의 높임말.

타인을 하대 대우하여 지칭하는 지칭어는 또 (12), (13)과 같은 것들도 있다. (12)는 신체적 장애를 지닌 사람들을 하대하여 이르는 말이고, (13)은 나쁜 행위를 하거나 나쁜 성품을 지닌 사람들을 하대하여 이르는 말이다. 이들은 욕설이나 저속한 표현과 다른 비하어로서 역시 하대 대우어의 범주에 포함시켜야 한다. 하대대우어들은 주로 구어체이며 고유어계 위주이다. 이들은 정중한 장소에서 쓰이지 못 할 뿐 아니라 교양 있는 말이 아니기에 서민계층에서 많이 쓰이며 비격식체 종결어미와 호응되는 것이 일반적이다.

    (12) '신체적 장애자'에 대한 하대 대우 지칭어
          앍둑빼기, 앍작빼기, 애꾸눈이, 여드름쟁이, 염병쟁이, 입비뚤이, 질름발이, 짤깍눈이, 쩔룩발이, 팔푼이, 폐병쟁이.
    (13) '나쁜 행위 자 또는 성품 자'에 대한 하대 대우 지칭어
          가난뱅이, 겁쟁이, 고자쟁이, 꾀보, 간나위, 내숭쟁이, 딱꿈쟁이, 떠버리, 말썽꾸러기, 매련퉁이, 변덕꾸러기, 소침쟁이, 수다쟁이, 심술패기, 얼뜨기, 엄살꾸러기, 청승꾸러기, 허풍쟁이.

4) 인칭대명사 지칭어

상대 또는 제삼자를 이를 때, 친족 지칭어나 사회적 통용 지칭어가 아닌 '너, 너희, 그, 그들' 즉 인칭대명사로 지칭하는 경우가 종종 있는데, 그 대상에 따라 인칭대명사 역시 평대 대우와 존대 대우의 구분이 있다.

〈표 8〉에서 보다시피 상대를 직접 지칭하는 이인칭대명사는 구어체 평대대우어로 '너', '너희'가 있는데, 복수를 나타내는 '너희'에 대응되는 문어체 존대대우어로 '諸兄', 구어체 존대대우어로 '여러분' 등이 있다.

단수를 나타내는 '너'에 대응되는 구어체 존대대우어는 '當身, 임자, 兄氏' 등이 있으며 성별의 구분 없이 두루 쓰인다. 그러나 문어체 존대대우어에서는 '그대, 貴下, 尊下, 賢' 등도 성별 구분 없이 두루 쓰이지만 '貴公, 貴君, 貴兄, 大兄, 仁兄, 老兄, 雅兄, 尊兄, 兄丈' 등은 '公, 君, 兄' 등의 남성 표지가 붙은 이인칭대명사는 남성 상대에게만 쓰이고 '貴女'는 여성 상대에게만 쓰인다.

〈표 8〉 이인칭대명사 지칭어

	평대 대우 이인칭대명사		존대 대우 이인칭대명사		
	문어체	구어체	문어체		구어체
복수		너희	諸兄		여러분
단수 남성		니	그대, 貴下, 尊下, 賢	貴公, 貴君, 貴兄, 大兄, 仁兄, 老兄, 雅兄, 尊兄, 兄丈	當身, 임자, 兄氏
단수 여성				貴女	

삼인칭대명사는 '그 사람, 저 사람, 이 사람'을 존대 대우하여 문어체로 '그이, 저이, 이이' 또는 구어체로 '그분, 저분, 이분' 등으로 지칭한다.

5) 종교 관련 지칭어

수천 년을 내려온 종교는 절대자에 대한 신앙인 것만큼 그 속에는 공경함이 내포되어 있어 존대대우어들이 많다. 한국어에서 종교 관련 대우어는 주로 불교 어휘가 많으나 유교, 기독교, 천도교, 대종교, 무속신앙, 도교 등과 관련된 어휘들도 적지 않다. 불교 어휘가 부처님을 비롯한 보살, 고승의 존칭과 학문, 덕행에 대한 어휘가 주류를 이루고 있다면[15] 기타는 공자, 예수, 최제우,[16] 단군, 노자, 무당 등에 대한 존대 대우 지칭어가 위주이다. 〈표 9〉는 여러 종교들에서 신앙하는 '신'에 대한 대우 지칭어를 정리한 것이다.

〈표 9〉 종교의 '신'에 대한 지칭어

	평대대우어		존대대우어	
	문어체	구어체	문어체	구어체
불교		부처, 석가모니	바가바(婆伽婆), 大覺世尊, 大恩教主, 無上尊, 法主, 佛天, 釋迦世尊, ……17)	부처님
유교		孔子	孔夫子, 孔聖, 선보(宣父), 이보(尼父), 夫子, 玄聖	孔子님
기독교		예수	賞主	예수님, 主님
천도교		최제우	大神師, 三世神聖, 聖師, 天宗水雲大神師	
대종교		단군	大兄, 大宗師, 神兄, 宗師, 喆兄(철형)	한배검, 한얼님
무속신앙		무당	大神, 만신, 卜師, 三神上帝, ……18)	신령님, 검님, 영등마마
도교		老子	老君, 道顏, 道體, 道兄, 入道禪下, 眞君, 太上老君	七星님
관성교		關羽	關聖大帝, 關聖, 關聖帝君	

---

15) 洪喆基(1991), "佛教 語彙 研究", 『玄山 金鐘塤博士回甲記念論文集』, 集文堂. 김종훈(1994:257) 재인용.

16) 동학의 창시자(1824~1864), 초명은 복술(福述)·제선(齊宣), 자는 성묵(性默), 호는 수운(水雲)·수운재(水雲齋).

17) 그 외: 大沙門, 等妙覺王, 佛寶, 雪山大師, 兩足尊, 如理師, 醫王, 人尊, 一代教主.

불교는 중국을 통해 유입되었기에 문어체 존대대우어는 거의 모두가 한자어계로 번역된 지칭어이다. 유일한 범어 원어인 '세존'의 의미를 나타내는 '바가바'마저도 중국 한자로 음역되어 '婆伽婆'로 표기되었다.

유가사상은 한국에 유입되어 큰 발전을 가져왔고 유교로 불릴 만큼 그 기반이 탄탄하게 이루어졌다. 유교사상의 창시자 공구(孔丘)는 불교의 석가모니마냥 그 숭배자들이 많아 유교의 절대적인 존경의 대상이 되어 '공자'에 대한 존대대우어도 문어체 위주로 적지 않다. 그러나 '공자'는 중국어에서는 본시 '공구(孔丘)'를 높여 일러 존대대우어로 '孔子(공자)'로 지칭한 것인데 한국어에서 이를 인입할 때는 존대여부와는 관계없이 고유명사로 받아들인 것이다. 그리고 이에 존대 대우를 부여하여 구어체로 '공자님'이라 지칭하게 된다. 인칭접미사 '-자(子)'를 인정하는가 하는 문제에서 『표준』과 『고려대』, 『연세』는 상반되는 관점을 보이고 있는데 『표준』은 이를 '높임을 나타내는 접미사'[19]로 인정하고 『고려대』와 『연세』는 인칭접미사로 인정하지 않았다. '子(자)'가 중국어에서는 [+높임]자질을 지니고 '孔子(공자), 朱子(주자), 老子(노자), 韓非子(한비자)' 등 존대 대우의 지칭어를 생성하지만 한국어에 들어와서도 그러한 생산성을 가지는 것은 아니다. 중국어의 '孔子(공자), 朱子(주자), 老子(노자), 韓非子(한비자)' 등 인명을 고유명사로서 받아들였을 뿐 그 대우관계까지 받아들인 것은 아니다. 따라서 한국어에서는 '-자(子)'를 인칭접미사로 보지 않는 것이 타당성이 있기 때문에 '孔子'도 평대대우어로 취급되고 그에 대응되는 '孔子님'이 존대대우어로 자

---

18) 그 외: 水府釋(수부석), 神道, 業王大監.
19) 『표준』: (일가(一家)의 학설을 세운 사람의 성(姓)을 나타낸 명사 뒤에 붙어) '높임을 받는 사람'의 뜻을 더하는 접미사.

리 잡게 된 것이다.

그리고 외래 종교로 서양의 기독교와 천주교, 중국의 도교와 관성교가 한국에 전파되어 한국어의 어휘계통에 모두 영향을 미치게 되었다. 또 한국 현지에서 발생된 천도교, 대종교, 무속신앙 등 종교들에도 '절대자'에 대한 존대대우어가 적지 않다.

그리고 불교에는 부처 즉 석가모니에 대한 존대 대우 지칭어가 많을 뿐 아니라 인간 세상에서 수련을 통해 진리를 깨닫고자 하는 '스님'들도 신자들의 존경의 대상인 만큼 '僧'에 대한 존대대우어도 아주 다양하다. (14)①, ②는 구어체로 각각 평대대우어와 존대대우어를 표현하고 (14) ③은 문어체로 존대대우어를 표현한다. 이뿐 아니라 기독교에도 '敎兄, 福者, 聖徒' 등 신도들에 대한 다양한 존대대우어들이 있다.

(14) ① 중.
② 스님.
③ 覺靈, 具壽[20], 高德, 古佛[21], 高僧, 老德, 老佛, 大己(대기), 大德, 大師, 大和尙, 德士, 上人, 禪師, 禪室, 魚丈, 猊下, 慧命, 和尙.

이상 칭호 관련 대우어들을 두루 살펴보았는데 존대대우어는 한자어계가 다수인 외에 예사말에 접미사 '-님'을 붙여 존대대우어를 이룬 경우가 많다. '어머님, 아버님, 누님'처럼 음운, 형태적으로 약간의 변이를 가져온 예사말에 '-님'을 붙이기도 하고 '선생님, 스승님'처럼 예사말에 '-님'을 직접 붙이기도 하였다. 이는 한국어 높임말의 주된 조어적 특징 중 하나이다.[22] 접미사 '-님'은 조어력이 강해 존대대우어를 이룸에 있

20) 중들이 서로를 높여 부르는 말.
21) '高僧'이나 '祖師'를 높여 이르는 말.

어 큰 역할을 하고 있다. 그러나 접미사 '-님'은 아무에나 붙일 수 있는 것은 아니다. '-님'의 쓰임 기능 및 연결 제약에 관하여 임홍빈(1990: 726)은 어떤 대상을 높여 부르는 호칭어적인 용법이고 사람을 나타내는 어떤 어휘가 이미 어떠한 측면에서든 그 지시 대상에 대한 높임의 의미를 포함하고 있는 경우, 그 어휘 뒤에는 '-님'이 연결될 수 없다고 하였다. 그렇다면 '임금님'과 같은 형식의 '왕자님', '대통령님'과 같은 표현들이 정확한가 하는 문제가 제기된다. '임금, 왕자, 대통령'은 사회 계층 상 상위의 존재이지만 '각하, 폐하'와 달리 높임의 의미가 포함되었다고 보기보다는 그 직위에 대한 명칭이 1차적이다.23) 따라서 '임금 님, 왕자님, 대통령님'은 가능한 존대 대우표현이지만 '각하님, 폐하님' 은 틀린 표현이다.

3.1.1.2. 지시 관련어

타인대우어의 지시 관련어는 상내방 또는 제삼자와 관련된 구체적 사물 또는 추상적 대상을 대우하여 이르는 말이다. 여기에는 편지·문 장 관련어, 주택·주거 관련어, 신체·생리 관련어, 그리고 이름, 나이, 생일 등과 관련된 대우어들이 있다.

---

22) 한국어 대우어의 조어적 특징은 다음과 같다.
　　첫째, 높임말은 예사말에 고유어 접미사 '-님'을 붙여 높임을 나타낸다. 둘째, 높임말 은 또 예사말과 전혀 연관성이 보이지 않는 완전히 새롭게 쓰이는 특수어휘로도 표현 된다. 셋째, 한자어 높임말 및 겸양낮춤말은 접두어소가 발달되었다. 넷째, 아주낮춤 말은 비하의 뜻을 지닌 접두사와 접미사가 발달되었다.
23) '임금, 왕자, 각하, 폐하'에 대한 『표준』의 사전 뜻풀이를 살펴보면 '임금, 왕자'는 그 직위에 대한 명칭으로 해석됨을 알 수 있다.
　　임금: 군주 국가에서 나라를 다스리는 우두머리.
　　왕자: 임금의 아들.
　　각하: 특정 고급 관료에 대한 경칭.
　　폐하: 황제나 황후에 대한 경칭.

1) 편지·문장 관련어

편지, 문장에 쓰이는 어휘는 구문에 비해 격식을 갖춘 정중한 어휘들인 만큼 존대대우어들이 많고 특히 한자어계 위주로 쓰인다. 그중에는 난해한 한자어가 많이 쓰이는데 이는 유교사상의 영향으로 한문교육을 실시한 전통과 관련 있다.

타인대우어의 편지 관련 대우어는 크게 네 부류로 나뉠 수 있는데 상대편의 편지를 일컫는 말, 상대편의 이름자 뒤에 붙이는 칭호, 편지 봉투 겉봉에 '앞' 대신 쓰이는 말, 그리고 편지 글 속에서 문체적으로 자주 쓰이는 말들이 있다.

구어체 평대대우어로 쓰이는 '편지(便紙/片紙)' 역시 한자어이지만 이를 문어체로는 다양하게 표현하고 있다. (15)①과 같이 '편지 또는 종이'의 뜻으로 쓰이는 한자어 어소는 '函, 札, 簡, 書, 翰, 紙' 등이 있고, (15)②와 같이 '글 또는 문장'을 뜻하는 한자어 어소는 '章, 箋, 墨' 등이 있고, (15)③과 같이 '소식'을 뜻하는 한자어 어소는 '信, 音' 등이 있다. 이 같은 한자어 어소들이 격식을 갖춘 문어체이라 하지만 대우 정도성은 여전히 평대이며, 이들 앞에 [+높임] 자질을 지닌 '貴, 高, 芳, 玉, 雲, 尊, 惠, 大, 臺, 蘭, 華' 등 한자어 접두어소들이 붙어 비로소 존대대우어가 이루어진다.

(15) 상대방의 편지를 일컫는 문어체 존대대우어
　　① 貴函(귀함), 高札(고찰), 貴簡(귀간), 貴書(귀서), 貴紙(귀지), 貴札(귀찰), 貴翰(귀한), 芳翰(방한), 玉書(옥서), 玉札(옥찰), 玉函(옥함), 溫簡(온간), 雲翰(운한), 雲函(운함), 尊書(존서), 尊札(존찰), 尊翰(존한), 尊函(존함), 惠書(혜서), 惠札(혜찰), 惠翰(혜한), 惠函(혜함), 華簡(화간), 華翰(화한), 琅函(낭함), 大札(대찰), 芳

墨(방묵), 芳書(방서), 芳札(방찰).

② 玉章(옥장), 雲箋(운전), 蘭章(난장), 華箋(화전), 華墨(화묵), 臺墨(대묵).

③ 芳信(방신), 惠音(혜음).

그리고 편지 받는 사람의 이름 뒤에는 '○○ 貴下', '○○ 足下'[24]라 칭하여 존대 대우하고 편지 겉봉에는 '升鑑(승감), 承繼, 親展, 惠展' 등을 '앞' 대신으로 써서 존대 대우를 한다.

편지 글에는 또 자주 쓰이는 글말들이 있다. 편지의 첫머리나 끝에는 (16)①과 같은 존대대우어들이 자주 등장하고 글 속에서 상대편의 '몸'을 이를 때는 (16)②와 같이 존대 대우하여 일컬으며, 상대편과 관련된 사람이나 사물을 이를 때는 (16)③과 같은 존대대우어를 사용한다. 그리고 (16)④와 같은 어휘들도 편지 글에서 자주 볼 수 있는 대우어들이다.

(16) ① 편지 첫머리나 끝에 쓰이는 말:
稽上拜言(계상배언), 稽顙(계상), 稽首再拜(계수재배), 稽顙再拜(계상재배), 敬啓(경계), 謹啓(근계), 頓首再拜(돈수재배), 頓首(돈수), 拜啓(배계), 拜覆(배복), 敬覆(경복), 覆啓(복계), 肅啓(숙계), 肅白(숙백), 肅呈(숙정), 一筆(일필), 惶恐再拜(공황재배), 敬具(경구), 敬白(경백), 敬拜(경배), 謹拜(근배), 謹白(근백), 謹上(근상), 謹言(근언), 拜具(배구), 拜白(배백), 疏上(소상), 肅拜(숙배).

② 편지 글에서 상대편의 몸을 이르는 말:
客中寶體, 客體, 旅體, 貴體, 玉體, 尊體, 寶體.

---

24) 편지 받는 사람 이름 뒤에는 또 '硯北(연북), 机下, 案下, 玉案下, 梧下(오하), 座下' 등이 붙는다.

③ 상대편과 관련된 사람, 사물에 대한 높임말:

貴家, 貴見, 貴稿, 貴校, 貴國, 貴宅, 貴慮, 貴命, 貴門, 貴報, 貴社, 貴息, 貴業, 貴意, 貴著, 貴弟, 貴族[25], 貴誌, 貴戚, 貴側, 貴便, 貴會, 德音, 御聲, 玉音, 寶覃(보담).

④ 그 외:

加愛, 鑑察(감찰), 謹悉(근실), 謹審(근심), 淸穆(청목), 海諒(해량) 등.

타인대우어의 문장 관련 대우어는 주로 상대의 글 또는 문장을 존대 대우하여 이르는 한자어들이다. (17)①은 '문장 또는 글'이란 의미로 쓰이는 한자어 어소 '章, 文, 書' 앞에 [+높임] 자질을 지닌 접두 어소가 붙어 '아름다운 문장', '좋은 문장'이란 의미로 존대대우어를 이루고 (17) ②는 '시 또는 노래'라는 의미로 쓰이는 한자어 어소 '韻, 詠, 吟' 앞에 [+높임] 자질을 지닌 접두 어소가 붙어 존대대우어를 이룬다.

(17) ① 瓊章(경장), 高文, 玉文, 高書.
    ② 瓊韻, 高詠, 芳詠, 芳吟, 玉詠, 玉韻, 玉吟, 尊詠, 貴詠.

2) 주택·주거 관련어

타인을 대우함에 있어 상대가 사는 집 또는 사는 동네에 대해 존대 대우하여 일컬음으로써 존경의 마음을 표현한다.

주택 관련어는 〈표 10〉과 같이 구어체 평대대우어로 '집', 문어체 평대대우어로는 '주택'이 있고 구어체 존대대우어로는 '宅' 등이 있다. 주택에 대한 문어체 존대대우어가 다양한데 그 조어론적 방식도 다양하

---

25) 주로 편지글에서, 상대편의 가족이나 겨레를 높여 이르는 말.

다. (18)①과 같은 것들은 [+높임] 자질을 지닌 유표적 존대 한자어 접
두어소 '高, 貴' 등과 [±높임] 자질 즉 평대 대우를 나타내는 '집'을 의미
하는 '屋, 家' 등이 결합하여 문어체 존대대우어를 이루고 (18)②와 같
은 경우는 [±높임] 자질의 무표적 한자어 어소 '本'과 [+높임] 자질을
지닌 '府'가 결합하여 문어체 존대대우어를 이루며, (18)③과 같은 경우
는 [+높임] 자질을 지닌 유표적 존대 한자어 접두어소와 [+높임] 자질을
지닌 '집'을 의미하는 어소가 결합하여 문어체 존대대우어를 이루었다.

    (18) ① 高屋, 貴家. ([+높임]+[±높임])
        ② 本府. ([±높임]+[+높임])
        ③ 尊邸. ([+높임]+[+높임])

  주거 관련어는 유표적 존대 한자어 접두어소 '貴, 尊, 錦' 등의 뒤에
[±높임] 자질을 지닌 '곳'을 의미하는 한자어 '地, 處' 등이 붙어 문어체
존대대우어를 이룬다.

〈표 10〉 주택·주거 관련 타인대우어

평대대우어		존대대우어	
문어체	구어체	문어체	구어체
주택	집	高屋, 貴家, 貴宅, 尊家, 尊宅, 本府, 舍宅, 宅舍, 尊邸	댁
	동네	貴地, 貴處, 錦地	

3) 신체·생리 관련어
  타인대우어에는 또 상대의 얼굴 등 신체 관련어와 질병, 죽음 등과

관련된 생리 관련어가 있다.

〈표 11〉에서 보다시피 얼굴 관련 대우어는 평대, 존대, 하대의 전반 체계를 다 가지고 있으며, 평대대우어로는 고유어계의 구어체와 한자 어계의 문어체를 가지고 있고, 존대대우어로는 한자어계의 문어체만을 가지고 있고 하대대우어는 고유어계의 구어체만을 가지고 있다.

〈표 11〉 얼굴 관련 타인대우어

평대대우어		존대대우어			하대대우어	
문어체	구어체	문어체		구어체	문어체	구어체
容貌	얼굴, 낯	芳顔, 芳容, 玉面, 玉貌, 玉容, 容光, 尊顔, 臺顔, 尊面, 尊容, 尊貌				얼굴짝

생리 관련 대우어는 평대대우어와 존대대우어가 있으며 주로 한자어 계 어휘가 많다. 구어체 평대대우어 '病'과 대응해서는 문어체 존대대우 어 '病患, 愼節, 美愼, 患候' 등이 존재하고 감기와 관련해서는 구어체 평대대우어로 '感氣, 고뿔', 문어체 평대대우어로 '感冒, 寒疾, 風寒' 등 이 존재하며, 이에 대응하여 문어체 존대대우어 '感患'이 있다. 명사 '죽 음'과 관련해서는 문어체 평대대우어 '別世, 殞命' 등이 있고 이에 대응 하여 문어체 존대대우어로 '逝去, 逝世, 作故' 등이 존재한다.

<표 12> 생리 관련 타인대우어

평대대우어		존대대우어	
문어체	구어체	문어체	구어체
	病	病患, 愼節, 美愼, 患候	
感冒, 寒疾, 風寒	感氣, 고뿔	感患	
別世, 殞命	죽음	逝去, 逝世, 上仙, 仙逝, 仙遊, 作故	

4) 추상적 대상 관련어

여기서 추상적 대상이라고 하는 것은 구체적인 사물이 아닌 청자 또는 제삼자의 이름, 나이, 생일 등에 관한 대우어를 말한다. 이 부류의 존대대우어도 한자어계 문어체가 주를 차지하고 있다.

<표 13> 추상적 대상에 관한 타인대우어

평대대우어		존대대우어	
문어체	구어체	문어체	구어체
姓名	이름	高名, 芳名, 尊銜, 尊名, 銜字, 姓銜, ……26)	
	나이	貴庚, 春秋, 年歲, 年齒	
	生日	生辰, 誕生日, 誕日, 誕辰	

3.1.1.3. 동작 관련어

타인대우어의 동작 관련어는 '먹다, 자다, 있다, 말하다' 등과 관련하여 (19)와 같이 구어체 존대대우어로 대응된다.

---

26) 그 외: 高華, 大名, 佳稱, 令名, 高姓大名, 雷聲大名(뇌성대명), 尊姓大名, 芳銜(방함).

(19) ① 들다. 드시다. 자시다.
② 주무시다.
③ 계시다.
④ 말씀하다.

그러나 동사 '죽다, 오다, 보다' 등과 관련하여는 (20)과 같이 혼종어
계 존대대우어로 대응되는데, (20)①, ②, ③ 자체만으로도 존대대우어
임에도 한국어 실제 사용에서는 이에 문법적 요소 선어말어미 '-시-'를
붙여 '逝去하시다, 枉臨하시다, 淸覽하시다' 등과 같이 쓰여 존대도를
한층 더 높이는 특징을 보인다.

(20) ① 逝去하다, 逝世하다, 作故하다.
② 枉臨하다. 來臨하다. 惠臨하다. 惠顧하다.
③ 淸覽하다.

3.1.2. 한국어 자기대우어

한국어의 자기대우어는 타인대우어와 달리 평대대우어와 겸양대우
어의 대립을 보이며, 역시 칭호 관련어, 지시 관련어, 동작 관련어 등
부류로 분포되었다.

3.1.2.1. 칭호 관련어

자기대우어의 칭호 관련어는 친족 지칭어와 자칭 즉 일인칭대명사
등이 있다. 자기 대우의 친족 지칭어는 남 앞에서 자기와 관련된 친족
을 지칭하는 말이고 자칭은 본인 또는 특정 신분을 지닌 사람이 남 앞

에서 스스로 자신을 이르는 말이다.

1) 친족 지칭어

남을 높이기 위해 자기와 관련된 친족들을 겸손하게 지칭한다고 하지만 한국어에서는 모든 친족들을 겸양 대우하여 이르는 것은 아니다. 자신의 상위 세대의 '할머니, 할아버지', '어머니, 아버지' 등에 대해서는 평대대우어로 지칭할 수 있어도 겸양대우어로 지칭하지 않는다.

김종훈(1994:255)에서는 '家君, 家大人, 家父, 家嚴, 家尊, 家親, 嚴君, 嚴親' 등을 모두 父親의 겸칭으로, '家慈, 慈親, 慈母' 등을 母親의 겸칭으로, 즉 자기 대우의 겸양대우어로 보고 있다. 그러나 앞 절의 타인대우어의 친족 지칭어에서 이미 제시하다시피 본고는 '家父, 家慈, 慈母'는 평대대우어로 분류하고 나머지의 '家君, 家大人, 家嚴, 家尊, 家親, 嚴君, 嚴親, 慈親' 등은 존대대우어로 분류하였다.

사전마다의 뜻풀이 해석에 약간의 차이를 보이기는 하지만 그 해석들을 살펴보면 가히 알 수 있다.

『고려대』는 '家君, 家大人, 家父, 家嚴, 嚴親'은 '남에게 자기 아버지를 이르는 말'로 해석하여 예사말로 처리하였고 '家尊, 家親, 嚴君, 嚴親'은 '남에게 자기의 아버지를 높여 이르는 말'로 해석하여 높임말로 처리하였다. 그리고 '家慈, 慈母'는 예사말로 처리하고 '慈親'은 높임말로 처리하였다.

『연세』는 표제어로 등록된 것이 '가친' 밖에 없는데 '(다른 사람에게 이르는 말로) 나의 아버지'로 해석하여 예사말로 처리하였다.

『표준』은 '家父, 家慈, 慈母'를 예사말로 처리하였고 '家君, 家大人, 家嚴, 家尊, 家親, 嚴君, 嚴親, 慈親' 등은 '남에게 자기 아버지(어머니)

를 높여 이르는 말'로 해석하여 높임말로 해석하고 있다.

위 세 사전을 두루 살펴보면, '자기 아버지', '자기 어머니'에 대한 지칭어를 모두 평대대우어 또는 존대대우어로 처리하고 있다. 즉 타인대우어의 범주에서 다룬 것이다. 다음 (21)에서도 볼 수 있다시피 (21)①의 '家親'과 대응하여 타인 대우의 존대대우어 '주무시다'와 문법요소 선어말어미 '-시-'가 쓰였고 (21)②에서는 '慈親'과 대응하여 자기 대우의 겸양대우어 '모시다'가 쓰였다. 다시 말하면 겸양대우어 '모시다'를 씀으로써 제삼자 '자친'에 대한 높임을 표현하였다. 이는 최현배(1937/1971)의 '문장의 대우 일치 현상'이나 임홍빈·장소원(1995)의 '일관성 원리'에 따르면 '家親'과 '慈親'은 당연 존대대우어가 되는 것이다. 상대방 앞에서 자기와 같은 세대거나 아래 세대의 친족을 존대 대우하여 지칭하면 그 높임 효과가 자신한테까지 파급되어 '자기 낮춤 원칙'에 위배되지만 남 앞에서 자기와 관련된 윗세대 친족에 대하여 존대대우어를 사용하는 것은 한층 더 예절바른 표현이다.

(21) ① 가친께서는 봄과 술에 함께 취해 주무시겠노라 하셨습니다.
『이문열, 황제를 위하여』
② 저도 칠십이 넘도록 자친을 모시고 있습니다.

한국어에서 자기 대우의 친족 지칭 겸양대우어는 본인 세대 또는 아래 세대에만 존재한다. 〈표 14〉에서 보다시피 자기 대우의 친족 지칭어에는 문어체의 평대대우어가 존재하지 않는다. 이는 문어체는 공식적인 장소나 글말에서 쓰이는 만큼 겸손하게 겸양대우어로 사용해야 하기 때문이다. 남편에 대한 문어체 겸양대우어 역시 존재하지 않는데, 격식을 갖춘 정중한 장소나 글말에서는 남 앞이라 할지라도 하늘같은 남편에 대해서는 낮추어 대우하지 못하던 옛날 풍토를 엿볼 수 있다.

<표 14> 자기 대우의 한국어 자기 친족 지칭어

	평대대우어		겸양대우어	
	문어체	구어체	문어체	구어체
부부		남편		바깥사람, 지아비
		아내	家眷, 愚妻, 拙妻, ……27)	안사람, 지어미, 집식구, 집사람, 부엌사람, 안식구
손위 남자		형, 오빠	舍伯, 家伯, 家兄, 舍兄, 愚兄	
손아래 남자		남동생	舍弟, 愚弟	
손위 여자		누나, 언니	愚姉	
손아래 여자		여동생	愚妹	
자녀		아들	家兒, 家豚, 愚息, 賤息, ……28)	
		딸	愚女	

2) 자칭

자칭은 스스로 자기를 낮추어 이르는 겸양대우어가 주를 이루는 것은 주지하는 사실이다. 일반적으로 '나, 우리' 대신에 구어체 겸양대우어 '저, 저희'를 쓰지만 특정 신분의 사람들이 자기를 낮추어 자칭하는 1인칭 대명사들도 있다. 이들은 한자어계의 문어체 겸양대우어가 위주이다.

---

27) 그 외: 家屬, 眷屬, 拙荊(拙荆), 荊妻, 寡妻(과처), 荊婦(형부).
28) 그 외: 豚犬, 豚兒, 迷豚, 未熄, 迷兒.

(22)는 성별에 따라 ①은 남성이 남 앞에서 자신을 낮추어 이르는 겸양대우어이고 ②는 여성이 남 앞에서 자신을 낮추어 이르는 겸양대우어이다.

(22) ① 남자: 孤子, 不肖子, 鄙人, 小子, 小弟, ……29)
　　 ② 여자: 孤女, 小女, 小妹, 小婦.

노인이 스스로 자신을 낮추어 이르는 자칭은 (23)과 같은 것들이다. 노인이 스스로 '老物, 老夫, 老生, 老拙' 등으로 자칭하는데 앞에서 타인대우어의 존대대우어를 살필 때 '老公, 老君, 老大人, 老夫人, 老丈' 등에서의 '老'는 나이가 지긋하게 많은 연장자로서 '권위성'을 강조하기에 [+높임] 자질을 지닌다고 하였지만, (23)과 같은 경우에는 자기 대우의 겸양대우어로서 이때의 '老'는 늙어서 쓸데없는 사람임을 강조하면서 [+낮춤] 자질을 지닌다.

(23) 노인: 老物, 老夫, 老生, 老拙.

종교와 관련된 어휘들 중에도 자칭 대우어가 많다. (24)①은 불교에서 스님이 자칭하는 겸양대우어이고 (24)②는 유교에서 유생이 자칭하는 겸양대우어이고 (24)③은 도교에서 도사가 자칭하는 겸양대우어이다. 이 같은 자칭어들이 한자어계의 문어체임에도 겸허를 기본으로 여기는 종교인들은 구어에서도 종종 사용한다.

---

29) 그 외: 孤哀男, 孤哀子, 晚生, 野生, 賤生.

(24) ① 불교에서의 '중(僧)': 老衲, 迷衲, 法友, 病衲(병납), 貧僧, 山僧,
　　　　　 小僧, 野衲, 野僧, 愚禿, 愚僧, 拙衲.
　　　 ② 유교에서의 '儒生': 鄙儒(비유), 世儒, 俗儒.
　　　 ③ 도교에서의 '道士': 貧道.

3.1.2.2. 지시 관련어

자기대우어의 지시 관련어는 남 앞에서 자기와 관련된 사물 또는 추
상적 대상을 가리켜 이르는 말들이 있다. 여기에는 편지·문장 관련어,
주택·주거 관련어, 질병 관련어, 음식 관련어, 그리고 자신의 주장, 관
점, 마음 등을 가리키는 대우어 등등이 있다.

1) 편지·문장 관련어

남의 편지나 문장을 일컬을 때는 타인대우어 즉 존대대우어를 사용
하지만 자기의 편지나 문장을 이를 때는 자기대우어 즉 겸양대우어를
사용하는 것이 관례이다. 이들 역시 한자어계의 문어체로 이루어졌다.
(25)는 자신의 편지를 겸손하게 이르는 겸양대우어들이다. 남의 편지
를 이를 때는 '貴, 高, 芳, 玉, 雲, 尊, 惠, 大, 臺, 蘭, 華' 등 [+높임]
자질을 지닌 한자어 접두어소가 붙었지만 자기의 편지를 이를 때는 '惡,
愚, 寸, 短' 등 [+낮춤] 자질을 지닌 한자어 접두어소들이 붙는다.

　　 (25) 惡札, 愚書, 愚札, 寸簡, 寸書, 寸楮(촌저), 寸紙, 寸札, 短札, 短簡,
　　　　　 短信, 短箋.

(26)①은 자신의 글이나 문장을 겸손하게 이르는 겸양대우어이다.
자신의 글이나 문장을 이를 때는 '亂, 禿, 鈍, 俗, 拙, 愚, 粗, 小' 등

[+낮춤] 자질을 지닌 접두어소를 붙여 이룬다. 그리고 (26)②는 장난으
로 한 것이란 의미로 자신의 글씨나 그림을 겸손하게 이르는 겸양대우
어이다.

> (26) ① 亂筆, 亂書, 禿筆(독필), 鈍筆, 俗筆, 拙筆, 愚筆, 粗筆, 蕪草, 小著,
>   拙稿, 拙文, 拙詠, 拙吟, 拙者, 拙作, 拙著.
>   ② 戲墨(희묵), 戲筆.

그리고 특히 편지 문체에서 자주 쓰이는 일부 겸양대우어들이 있는
데, (27)①은 편지를 쓰는 필자가 편지 받는 사람과의 신분 관계에 따라
자주 쓰이는 자칭 겸양대우어이고 (27)②도 편지 문어체에서 자주 나타
나는 대우어 어휘들이다.

> (27) ① 記末(기말), 乃父, 乃母, 乃祖, 乃兄, 無似(무사), 不佞, 不孝子,
>   査弟, 生, 損弟(손제), 姻弟, 苫次(점차), 弟, 拙夫, 拙妻, 罪弟.
>   ② 下誠, 微誠, 下懷, 下情, 伏幸(복행).

2) 주택·주거 관련어

자신이 사는 집과 자신이 사는 동네를 겸손하게 이르는 겸양대우어
들은 다음 (28), (29)와 같은 것들이다. 주로 '陋, 茅, 鄙, 蝸, 弊, 寒'
등 [+낮춤] 자질을 지닌 한자어 접두어소에 의해 겸양 대우를 실현한다.

> (28) 주택 관련 겸양대우어: 陋居, 陋室, 陋屋, 陋宅, 茅舍, 茅屋, 蓬門(봉문),
>   蓬室, 蓬戶, 鄙舍, 鄙第, 私門, 蝸廬(와려), 蝸
>   舍, 蝸室, 蝸屋, 寓居, 拙家, 草廬, 草家, 片庵
>   (편암), 弊家, 弊居, 弊廬, 弊舍, 弊屋, 寒家.

(29) 주거 관련 겸양대우어: 陋地, 陋巷, 鄙地, 鄙處, 鄙邊, 弊邑(폐읍), 寒鄕.

그 외의 겸양대우어도 구어체는 별로 보이지 않고 주로 한자어계의 문어체 위주이다. (30)①은 자기 병을 이르는 겸양대우어이고 (30)②는 남을 초대할 때 자신이 마련한 음식을 겸손하게 이르는 겸양대우어이고 (30)③은 상대에게 자신의 충성심을 표하거나 마음을 보여줄 때 이르는 겸양대우어이고 (30)④는 논문 또는 발표에서 자신의 주장이나 의견을 가리켜 겸손하게 이르는 겸양대우어이다.

(30) 그 외 겸양대우어
　① 微恙, 微痾, 小恙.
　② 薄酒, 薄酒山肴, 薄茶, 薄饌(박찬), 薄草, 餘瀝(여력), 粗茶, 粗餐.
　③ 犬馬之誠, 犬馬之心, 犬馬之忠, 狗馬之心, 微誠, 微忠, 鄙願, 私心, 愚忠, 愚衷, 一寸丹心, 拙誠, 寸誠, 寸心, 寸忠.
　④ 管見, 陋見, 短見, 鄙見, 鄙計, 鄙懷, 小論, 小術, 愚見, 愚計, 愚論, 愚說, 愚案, 愚意, 愚察, 拙論, 拙意, 淺見, 芻議(추의).

3.1.2.3. 동작 관련어

자기대우어의 동작 관련어는 남 앞에서 자기가 하는 동작에 관한 대우어이다.

(31)의 ①은 '상대방을 대하여 보다'를 공손하게 이르는 말이고 ②는 '남의 말에 귀를 기울여 듣다'를 공손하게 이르는 말이고 ③은 '어떤 물건을 건네주거나 어떤 행동을 실제로 행하다'를 공손하게 이르는 말이고 ④는 '받다'를 공손하게 이르는 말이다.

(31) ① 뵙다.
　　 ② 듣잡다.
　　 ③ 드리다, 바치다, 올리다.
　　 ④ 받잡다.

　그러나 『표준』, 『고려대』, 『연세』 세 사전은 위 (31)의 동작 관련어에 대한 대우 자질을 〈표 15〉에서 보다시피 각자가 달리 해석하고 있다. 오직 『고려대』만이 [+공손] 또는 [+겸손]의 의미자질로 일관되게 해석하고 있고 『표준』과 『연세』는 그 일관성을 유지하지 못하고 있다. 이는 『고려대』는 이미 이 같은 동작 관련어에 대하여 타인 대우와 자기대우를 구별하여 보고 있음을 말해준다. '드리다, 바치다, 올리다' 등은 모두 청자 또는 제삼자를 높여 주는 역할을 하지만 어디까지나 화자의 행동인 만큼 존대대우어로 규정되어서는 안되고 공손을 나타내는 자기대우의 겸양대우어로 규정되어야 타당한 것이다.

〈표 15〉 동작 관련어에 대한 사전별 해석

	『표준』	『고려대』	『연세』
뵙다	[+겸양][30]	[+공손][31]	[+공손][32]
듣잡다	[+겸손][33]	[+공손][34]	–
드리다, 바치다, 올리다.	[+높임][35]	[+겸손][36]	[+높임][37]
받잡다	[+높임][38]	[+공손][39]	[+겸손][40]

30) 웃어른을 대하여 보다. '뵈다02'보다 더 겸양의 뜻을 나타낸다. 『표준』
31) (사람이 웃어른을)대하여 보다. '뵈다1'를 더욱 공손하게 이르는 말이다. 『고려대』
32) 뵈옵다: '웃어른이나 지위나 신분이 높은 사람을 만나다'를 공손하게 이르는 말. 『연세』
33) '듣다01'를 겸손하게 이르는 말. 『표준』
34) (사람이 윗사람의 말을)주의깊게 귀를 기울이다. '듣다2'를 공손하게 이르는 말이다. 『고려대』
35) 드리다: 「1」'주다01[I][1]「1」'의 높임말. 「2」윗사람에게 그 사람을 높여 말이나 인사,

3.2. 중국어 대우어의 양상

중국어에서는 『漢語』의 전자사전 검색기능을 이용하여 敬詞와 謙詞의 사전 뜻풀이 유형을 설정하고 표제어 뜻풀이 검색을 통해 대우어의 어휘목록을 작성하였다.

(32) '敬詞'의 목록을 정하기 위한 사전 뜻풀이에 포함된 내용의 유형
　　① '尊称' 예: 禪師- 和尚之尊称.
　　② '敬称' 예: 慈父- 用爲對父親的敬称.
　　③ '敬辭' 예: 拜望- 敬辭. 探望.
　　④ '敬詞' 예: 拜別- 行礼告別-用作敬詞.
　　⑤ '敬語' 예: 貴邸- 称他人府邸的敬語.

(33) '謙詞'의 목록을 정하기 위한 사전 뜻풀이에 포함된 내용의 유형
　　① '謙称' 예: 鄙見- 謙称自己的見解.
　　② '謙辭' 예: 薄産- 微薄的産業. 有時爲謙辭.
　　③ '謙詞' 예: 芻議- 謙詞, 指自己的不成熟的言談議論, 亦指淺陋的議論.
　　④ '謙語' 예: 殘軀- 衰邁的身体. 老者自謙語.

결의, 축하 따위를 하다. 「3」신에게 비는 일을 하다. 『표준』
36) 드리다: (1)(사람이 윗사람에게 어떤 행동을)실제로 행하다. '하다'를 겸손하게 이르는 말이다. (2)(사람이 윗사람에게 어떤 물건을)건네어 갖게 하다. '주다2'를 겸손하게 이르는 말이다. (3)(사람이 정성이나 공양 따위를)종교상의 신에게 바치거나 빌다. 『고려대』
37) 드리다: 1.'주다'의 높임말. 2.(윗사람에게 어떠한 말씀을) 여쭙다. 3.(존경하는 대상에게) 인사나 예를 올리다. 4.신에게 빌거나 찬양의 행위를 하다. 『연세』
38) '받다01[1]「1」'의 높임말. 『표준』
39) (어떤 사람이 윗사람이 주거나 보내온 물건을)응하여 자기의 것으로 가지다. '받다'를 공손하게 이르는 말이다. 『고려대』
40) [상대를 높이고 자신을 낮추어 겸손하게 이르는 말로] 받다. 『연세』

⑤ '蔑称' 예: 兵子- 對兵士的蔑称.

⑥ '輕視意' 예: 戲子- 旧称職業戲曲演員(含輕視意).

⑦ '輕蔑意' 예: 鄕巴佬- 亦作"鄕下老". 鄕下人. 常有輕蔑意味.

⑧ '輕蔑之称' 예: 粉骷髏- 對美貌婦女的輕蔑之詞. 意謂姣好容顔不
過傅粉骷髏而已.

⑨ '鄙称' 예: 竪儒- 對儒生的鄙称.

그리고 이 어휘들을 타인대우어와 자기대우어로 구분하여 의미 유형
별로 살펴보기로 한다.

3.2.1. 중국어 타인대우어

3.2.1.1. 칭호 관련어

중국은 역사가 유구하고 지역이 넓으며 다민족 국가인 만큼 현대 표
준어라 할지라도 여러 지역, 여러 민족의 언어적 영향을 많이 받았다.
따라서 현대 중국어의 표준어 어휘 수량이 방대할 뿐 아니라 대우어
역시 방대한 양을 보이고 있다.

1) 친족 호칭어

중국어도 친족 칭호가 매우 발달되었다. 그러나 친족 호칭어는 한국
어와 달리 존대 대우를 나타내는 존대대우어 계통이 발달된 것이 아니
고 평대대우어 계통이 어마어마한 양을 자랑한다.

〈표 16〉은 자신의 상위 2세대, 상위 1세대 친족 즉 '할아버지, 할머
니', '아버지, 어머니' 세대에 대한 호칭어를 정리한 것인데, 보시다시피
중국어의 친족 호칭어 계통은 평대대우어 위주로 이루어져 있다. '자기

할아버지'를 문어체 존대대우어로 '祖君', 구어체 존대대우어로 '祖爺爺'라 호칭하고 '자기 아버지'를 문어체 존대대우어로 '天父, 慈父'라 호칭하고 '아내의 아버지'를 구어체 존대대우어로 '阿丈'이라 호칭하는 외에 기타 친족 호칭어의 존대대우어는 모두 어휘적 빈칸을 보이고 있다. 다시 말하면 중국어의 친족 호칭어는 평대대우어 위주로 문어체와 구어체의 구분을 보인다. 즉 중국어는 친족 호칭어 면에서 위계성이 선명하지 않은 언어임을 알 수 있다.

〈표 16〉 상위 세대에 대한 중국어 자기 친족 호칭어

		평대대우어		존대대우어	
		문어체	구어체	문어체	구어체
상위 2세대	아버지의 아버지	祖父, 太父, 王父, 大王父, 大父, 祖王父, 祖翁, 祖公	太翁, 太公, 爺爺, 公公, ……41)	祖君	祖爺爺
	아버지의 어머니	祖母, 王母, 大母	奶奶, 阿奶, 阿婆, 婆婆 ……42)		
	어머니의 아버지	外祖父, 外王父, 外翁, 外大父, 大父	外爺, 外公, 外公公, 公公, 老爺		
	어머니의 어머니	外祖母, 外王母	外婆, 姥姥		
상위 1세대	본인의 아버지	大親	爸爸, 阿爸, 阿爹, 爹爹, ……43)	天父, 慈父	
	본인의 어머니	慈萱, 萱親, 母氏	媽媽, 阿母, 娘親, ……44)		
	아내의 아버지	泰山, 太岳, 岳翁, 岳丈, ……45)	岳父, 丈人, 老丈人, ……46)		阿丈
	아내의 어머니	泰水	丈母, 丈母娘, ……47)		

| 남편의 아버지 | | 阿翁, 阿公, 公公, 老公公 | | |
| 남편의 어머님 | | 老婆婆, 阿婆, 婆母 ……48) | | |

〈표 17〉 본인 세대에 대한 중국어 자기 친족 호칭어

		평대대우어		존대대우어	
		문어체	구어체	문어체	구어체
본인 세대	손위 남자	伯子	哥哥, 大哥, 兄長, ……49)	尊兄	
	손위 여자	女兄	姐姐, 阿姐, 阿姊, 姊姊		
	손아래 남자	淑季, 男弟	弟弟, 阿弟	賢弟	
	손아래 여자	女弟, 女妹	妹妹, 阿妹		
	남성 배우자	夫婿, 夫主, 夫君, 郎君, ……50)	先生, 当家的, 老公, ……51)		
	여성 배우자	室式, 室家	息婦, 媳婦, 媳婦儿, 老婆, 老婆子, ……52)		

　　본인 세대의 친족 호칭어를 살펴보아도 위와 다를 바가 없다. 〈표 17〉
에서 보다시피 평대대우어로는 문어체와 구어체가 구분되어 다양한 호

41) 그 외: 阿翁, 阿爺, 阿爹, 阿公, 太爺, 翁翁, 大大, 祖公公.
42) 그 외: 太母, 太婆, 祖婆.
43) 그 외: 阿翁, 阿爺, 阿父, 阿郎, 阿媽, 爺爺, 耶耶.
44) 그 외: 阿八, 阿堂, 阿馳, 阿老, 阿姆, 阿奶, 阿娘, 嬭嬭, 朗奶, 老親娘, 奶奶, 娘母, 娘娘.
45) 그 외: 太山, 岳公, 樂翁, 內父, 妻公.
46) 그 외: 外翁, 外父, 外舅, 岳老子.
47) 그 외: 外姑, 外母, 丈媽.
48) 그 외: 阿姑, 阿家, 家娘, 家婆.
49) 그 외: 阿兄, 阿干, 阿哥, 阿況, 兄兄, 哥子, 況漢, 況老.
50) 그 외: 夫男, 郎伯, 郎公, 乃郎, 良人.
51) 그 외: 爺們, 当頭人, 当家人, 盖老, 漢子, 老儿, 老闆儿, 門前人.
52) 그 외: 內当家, 婆子, 婆娘, 媳婦子, 家婆.

칭어들이 있지만 존대대우어로는 손위 남자를 문어체 존대대우어로 '尊兄'이라 부르고 손아래 남자를 문어체 존대대우어로 '賢弟'라 부르는 외, 다른 호칭어들은 대응되는 존대대우어를 가지고 있지 않다.

그리고『漢語』에 등재된 친족 호칭어에는 중국의 소수민족 언어로부터 유입된 외래어들도 있다. 중국은 오랜 역사 속에서 여러 민족들이 서로 어울려 살면서 서로가 서로의 언어에 영향을 미쳤던 것이다. 중국어 즉 한족들의 언어인 한어(漢語)53)가 여러 소수민족 언어에 영향을 미쳤을 뿐 아니라 기타 소수민족 언어들도 중국어에 영향을 미치고 중국어에 유입되어 자리를 잡았다. 다음 (34)의 호칭어들은 중국의 여러 소수민족의 친족 호칭어들이 중국어에 유입된 것들이다. 이들은 현재에 와서 실생활에서는 사어화되었지만 역사 드라마 같은 데서는 자주 출현하는 어휘들이다. (34)①은 자기 아버지에 대한 호칭어이고 (34)②는 자기 어머니에 대한 호칭어이며, (34)③은 자기 형에 대한 호칭어이고 (34)④는 자기 아내에 대한 호칭어이다.

(34) ① 아버지: 阿多,54) 阿主沙里,55) 阿馬.56)

② 어머니: 阿者,57) 阿摩敦,58) 額娘,59) 摩敦.60)

③ 형: 阿步干.61)

---

53) 본고의 '중국어'라는 표현보다 '한어'라는 표현이 사실 더 정확하다. 그러나 한국에서의 언어습관을 고려하여 '중국어'라는 표현을 쓰기로 한다.
54) 고대 위구르어(古回紇語)에서 받아들인 것이다.
55) 고대 거란어(古契丹語)에서 받아들인 것이다.
56) 고대 여진어(古女眞語)에서 받아들인 것이다.
57) 여진어(女眞語)에서 받아들인 것이다.
58) 고대 선비어(古鮮卑語)에서 받아들인 것이다.
59) 만주어(滿語)에서 받아들인 것이다.
60) 고대 선비어(古鮮卑語)에서 받아들인 것이다.
61) 고대 선비어(古鮮卑語)에서 받아들인 것이다.

④ 아내: 薩那罕.[62]

2) 친족 지칭어

중국어의 타인 친족 지칭어는 친족 호칭어에 비해 존대대우어가 많다고는 하지만 한국어의 다양한 친족 지칭어와는 비길 바가 못 된다. 한국어에서의 남의 친족에 대한 지칭어는 존대, 평대, 하대의 3등분 대우체계를 이루지만 중국어에서의 남의 친족에 대한 지칭어는 존대와 평대의 2등분 대우체계를 이룬다. 그리고 중국어는 타인 친족 대우어라 할지라도 여전히 평대 대우로 지칭하는 대우어가 수량적으로 절대적인 우세를 차지하고 존대대우어는 수량적으로 빈약할 정도이다.

〈표 18〉은 중국어의 상위 2세대와 상위 1세대에 대한 남의 친족에 대한 지칭어를 정리한 것인데, 이를 살펴보면 중국어의 타인 친족 지칭어에서 존대대우어는 주로 남의 할아버지와 할머니, 남의 아버지와 어머니를 지칭하는 대우어에 집중되어 있음을 알 수 있다.

남의 할아버지와 할머니에 대해서는 존대대우어가 존재하고 남의 외할아버지와 외할머니에 대한 존대 대우의 지칭어는 존재하지 않는데, 이는 중국도 한국과 다를 바 없이 유교의 발상지인 만큼 친가를 높이고 외가를 낮추는 풍토가 언어에서 반영되고 있음을 알 수 있다.

---

62) 여진어(女眞語)에서 받아들인 것이다.

		평대대우어		존대대우어	
		문어체	구어체	문어체	구어체
상위 2세대	남의 아버지의 아버지	祖父, 王父, 大王父, 大父, 祖王父, 祖翁, 祖庭, ……63)	爺爺, 阿公, 太爺, 公公 ……64)	祖君, 皇祖, 王考. 皇祖考	祖爺爺
	남의 아버지의 어머니	王母, 大母, 先大母, 重慈	祖母, 阿奶, 阿婆, 太婆, 祖婆, 奶奶, 婆婆.	皇祖妣	
	남의 어머니의 아버지	外祖父, 外王父, 外翁, 外大父, 大父	外爺, 外公, 外公公, 公公, 老爺		
	남의 어머니의 어머니	外祖母, 外王母	外婆, 姥姥		
상위 1세대	남의 아버지	王考, 嚴父, 嚴君, 嚴親, 椿庭, 老尊, 乃翁, 乃父, 乃公, 先德, ……65)	爸爸, 爹爹, 老爺子, ……66)	天父, 慈父, 賢尊, 尊大君, 尊甫, 尊府, 尊公, 老大人, 尊君, 令尊	太爺, 太老, 家尊, 老太爺
	남의 어머니	慈萱, 萱親, 母氏, 堂老, 乃堂, ……67)	媽媽, 阿媽, ……68)	尊堂, 尊萱, 令堂, 令慈, 令母, 母君, 母夫人	阿太, 老太太
	남의 아내의 아버지	泰山, 岳翁, 岳丈, 岳公, 樂翁, 內父, ……69)	岳父, 丈人, 老丈人		阿丈
	남의 아내의 어머니	外姑, 外母, 泰水	丈媽, 丈母, 丈母娘		
	남의 남편의 아버지		阿翁, 阿公, 公公, 老公公		
	남의 남편의 어머님	威姑, 嚴姑	老婆婆, 婆母, ……70)		

---

63) 그 외: 太父, 祖公, 先祖, 先君子, 大考, 祖考.
64) 그 외: 太翁, 太公, 阿翁, 阿爺, 阿爹, 翁翁, 大大, 祖公公.

〈표 19〉는 중국어의 본인 세대 및 하위 1세대의 남의 친족 지칭어를 정리한 것이다.

이를 살펴보면 본인 세대의 남의 친족 지칭어에서 존대대우어는 모두 문어체로만 존재한다. 이 같은 문어체 존대대우어가 구어에서도 자주 쓰이지만 구어로 존대 대우를 표현할 때는 제삼자를 높이는 대신 직접 친족 지칭어 앞에 이인칭 대명사 '您'을 붙여 청자를 직접 존대 대우한다. 예를 들어, 구어에서 존대 대우를 표현할 때, 문어체로 '令兄'이라 칭할 수도 있지만 일반적으로는 '您哥哥'라 일러 존대 대우의 이인칭 대명사를 사용하여 청자를 직접 대우하는 것이다.

하위 1세대의 남의 친족 지칭어에는 존대대우어로 문어체와 구어체가 두루 존재하지만 구어체의 존대대우어들은 현재에 와서는 사회제도의 변화로 잘 사용되지 않는 대우어들이다. '少爺, 大少爺, 公子', '大小姐, 女公子, 千金, 千金小姐' 등 대우어들은 중국 사회주의 혁명 이전의 계급사회의 잔재인바, 현재 사회에 와서는 제한적으로 사용된다. 대신 일상적인 구어에서는 역시 이인칭대명사 '您'을 붙여 '您儿子', '您女儿'로 표현하는 것이 일반적이다.

---

65) 그 외: 大親, 亡考, 先父, 先君, 而翁, 家公.
66) 그 외: 阿爸, 阿翁, 阿爺, 阿爹, 阿父, 阿郎, 爺爺, 耶耶, 老子, 老太公, 老人家.
67) 그 외: 恃怙, 堂前, 我生, 北堂, 北堂萱, 无姊, 萱室, 萱堂, 萱闈.
68) 그 외: 阿八, 阿堂, 阿㜷, 阿老, 阿姆, 阿母, 阿奶, 阿娘, 嬭嬭, 朗奶, 老親娘, 奶奶, 娘母, 娘娘, 娘親, 娘老子.
69) 그 외: 太山, 太岳, 妻公, 外翁, 外父, 外舅, 冰翁, 樂冰.
70) 그 외: 阿姑, 阿家, 阿婆, 家娘, 家婆.

〈표 19〉 본인과 같은 세대 및 하위 1세대의 중국어 남의 친족 지칭어

		평대대우어		존대대우어	
		문어체	구어체	문어체	구어체
본인 세대	남의 손위 남자	伯子, 兄長	哥哥, 大哥, 哥子, 弟兄, ……71)	尊兄, 令兄, 哲兄, 哲昆	
	남의 손위 여자	女兄	姐姐, 阿姐, 阿姊, 姊姊, 家姊	令姐, 賢姐	
	남의 손아래 남자	淑季, 男弟, 山礬, 仲叔	弟弟, 阿弟, 弟兄	淑弟, 介弟, 貴弟, 令弟, 賢弟	
	남의 손아래 여자		妹妹, 阿妹, 女弟, 女妹	令妹, 賢妹	
	남의 남편	夫婿, 郎君, 家公, 乃郎, ……72)	先生, 老公, 愛人, 丈夫, ……73)		
	남의 아내	乃眷, 室式, 室家, 內饋, 弱室, ……74)	息婦, 媳婦, 老婆, 愛人, 太太, ……75)		
하위 1세대	남의 아들	儿郎, 嗣息, 息子, 息男, 嗣君, ……76)	阿子, 娃儿, 倪子	賢子, 賢郎, 小郎, 義郎, 玉麒麟, 鳳郎, 貴子, 令嗣, 令郎	少爺, 大少爺, 公子
	남의 딸	愛女, 息女, 掌上明珠, 弱息	閨女, 妞儿, 女孩儿, ……77)	令愛/令媛	大小姐, 女公子, 千金, 千金小姐
	남의 며느리	子婦	媳婦, 儿媳, 儿婦		
	남의 사위	子婿, 郎婿, 坦床, ……78)	姑爺, 女婿	鳳婿	姑老爺

71) 그 외: 阿兄, 阿哥.
72) 그 외: 夫主, 夫君, 夫男, 郎伯, 郎公, 良人, 家主公.
73) 그 외: 爺們, 当頭人, 当家的, 当家人, 盖老, 漢子, 老儿, 老關儿, 門前人, 外頭人,

자기 친족을 존대 대우하는 지칭어는 '祖君, 祖爺爺, 天父, 慈父, 尊兄' 등 통칭적으로 전반에 사용되는 일부 대우어를 제외하고 자기 친족에게만 오로지 사용되는 존대대우어는 별로 많지 않은바 다음 (35)와 같은 것들이 있다. (35)①은 자기 어머니에게만 존대 대우하여 쓰이는 지칭어이고 (35)②는 자기 형에게만 존대 대우하여 쓰이는 지칭어이다.

(35) ① 尊慈, 尊萱, 家夫人.
　　 ② 俊兄.

3) 사회적 통용 칭호

중국어의 사회적 통용 호칭도 친족 호칭어를 빌려 사용하는 경우가 많다. 그러나 『漢語』에서는 친족 호칭어를 자기 친족에게 사용할 때는 평대대우어로 처리하고 있지만 사회적 통용 호칭어로 사용할 때는 존대대우어로 처리하고 있다. 예를 들어 '奶奶'에 대한 해석을 살펴보면 자기 친족어로 해석할 때는 '祖母'로 뜻풀이 하여 평대대우어임을 나타내고 사회적 통용 호칭어로 해석할 때는 '尊称祖母辈的婦女'로 뜻풀이 하여 '할머니 연배의 여성을 높여 이르는 말'로 해석하고 있다. '姐姐'에 대한 해석도 마찬가지로 자기 친족어로 해석할 때는 '称呼同父母(或只同父、只同母)而年長于己的女子', '称呼親戚中同輩而年長于己的女

老爺們儿, 男子, 男人, 女婿, 掌柜.
74) 그 외: 室子, 先室, 中婦, 闺幃, 闺人, 家緣, 家婦, 家內.
75) 그 외: 媳婦儿, 媳婦子, 家婆, 老婆子, 內当家, 婆子, 婆娘, 堂客, 屋里的, 床頭人, 当家的, 家主婆, 老娘們儿, 老瓢, 娘們, 女人, 婆姨.
76) 그 외: 丁子, 子息, 子男, 男儿, 男子.
77) 그 외: 阿囡, 阿女, 嫁子, 女子, 女子子.
78) 그 외: 坦腹, 半子, 婿甥, 東坦, 東床客, 嬌客, 女夫.

性(不包括可称做嫂子的)' 등으로 해석하여 친족관계의 손위 여자임을 보여줄 뿐이다. 그러나 사회적 통용 호칭어로 해석할 때는 '尊称非親戚關系中年紀与自己相仿的女性'으로 해석하여 '친족관계가 아닌 나이가 비슷한 여성을 높여 이르는 말'로 해석함으로써 존대대우어로 처리하고 있다. 다시 말하면 중국어에서는 사회적 통용 호칭어에는 존대도를 높여주고 있다.

사회적 통용 지칭어도 〈표 20〉에서 보다시피 존대대우어가 발달되었다. 중국어는 특히 '노인', '스승', '여성' 등에 대한 존대 대우 지칭어가 발달되었다. 중국어에서 '스승'에 대한 지칭어는 존대대우어로만 존재할 뿐 평대대우어로는 존재하지 않는다.

〈표 20〉 중국어 사회적 통용 지칭어

	평대대우어		존대대우어	
	문어체	구어체	문어체	구어체
노인		老頭	屨杖, 儒仙, 世翁, 太公, 王父, 王老, 文丈, 翁甫, 翁長, 杖屨, 尊公	老人家, 老先生
스승			父師, 函丈, 講席, 絳紗/絳帷/絳帳, 師尊, 宗卿師, 尊師	老師, 先生
남의 제자		學生, 徒弟	高業弟子, 高足, 高足弟子, 公門桃李	
여성		女子, 女人	安人, 女士, 娛妣, 邑君	師母, 太太, 小姐

4) 인칭대명사 지칭어

중국어의 인칭대명사는 한국어에 비하면 무척 간단한 편이다. 이인칭 대명사는 구어체 평대대우어로 '你, 你們'이 있고 이에 대응하여 구어체 존대대우어 '您'이 있고 문어체 존대대우어 '賢家, 賢每' 등이 있다. 삼인칭 대명사는 성별의 구별을 보이며, 남성을 가리켜 구어체 평대대우어로 '他, 他們'이 있고 여성을 가리켜 '她, 她們' 등이 있다.

5) 종교 관련 지칭어

중국 사회에서 뿌리가 깊고 영향이 컸던 종교는 불교, 도교가 있다. 그리고 실크로드를 따라 중국에 유입된 이슬람교도 그 신자가 적지 않다. 따라서 종교 관련 지칭어들은 주로 이 몇몇 종교에 집중되어 있으며 그 외 라마교, 무속신앙 관련 지칭어들도 일부 있다.

중국어에서 종교의 '신' 또는 '절대자'에 대한 존대 대우 지칭어들을 살펴보면 다음 (36)과 같은 것들이다.

(36) ① 불교: 本師, 大雄, 法王, 佛日, 佛天, 佛爺, 迦老, 空王, 灵圣, 仁王, 世雄, 世尊, 自在王.
　　 ② 도교: 灵圣, 神公, 天尊, 仙官, 仙駕, 仙圣, 仙師, 仙長, 眞君.
　　 ③ 이슬람교: 毛拉, 伊瑪目, 火者.
　　 ④ 라마교: 法王, 剌麻/剌馬/喇嘛.
　　 ⑤ 무속신앙: 大仙, 帝君, 光灵, 皇地祇, 老天爺, 灵皇, 灵兆, 龍王爺, 神爺, 神岳.

그리고 이같은 종교를 신봉하는 신자들에 대한 존대 대우의 지칭어들도 있는데 예하면 (37)①과 같은 '僧'에 대한 존대 대우 지칭어, (37) ②와 같은 '道師'에 대한 존대 대우 지칭어 등이 있다.

(37) ① 大師傅, 老師父, 師父, 師傅, 阿闍黎, 禪伯, 禪師, 禪祖, 大德, 大和尙, 大士, 道官, 法師, 古德, 慧命, 開士, 楞伽子, 尼師, 上人,師父, 師太, 師兄, 師丈, 須菩提, 長老.

② 尊師, 丹房, 道官, 道師, 道兄, 道長, 道丈, 道尊, 遁仙, 法師, 老仙 長, 老祖, 圣人, 仙姑, 仙客, 仙師, 仙翁, 仙長, 羽君.

6) 기타 지칭어

중국어 칭호 관련어는 위에서 언급한 호칭어, 지칭어 외에도 기타 대우 지칭어들이 있다. 예하면 특정인물을 높여 이르는 말, 일부 직업 들을 높여 이르는 말, 그리고 현대사회에 들어와서 새롭게 나타난 지칭 어 등이 있다.

중국 봉건사회에서 제도의 근본이 되었던 유가사상의 창시자 '공자' 와 인의(仁義)와 영웅의 상징인 '관우'는 종래로 중국인들의 존경의 대 상이었기에 이들을 지칭하는 존대대우어들이 (38)의 ①, ②와 같이 유달 리 많았다. 그리고 당송 팔대가(唐宋八大家) 중 한 사람인 구양수(歐陽 脩)는 호가 '육일거사(六一居士)'인데 이를 높이 일러 '六一老, 六一翁, 六一先生'이라 칭하였다. 그 외에도 백성들의 존경을 받는 역사적 인물 에 대한 존대 대우의 지칭어들은 (38)의 ④에서 보다시피 아주 많다.

(38) 특정인물 존대 대우 지칭어:
  ① '孔子': 孔圣, 孔宣父, 尼父, 尼圣, 圣尼, 圣人, 宣父.
  ② '關羽': 關夫子, 關公, 關老爺, 武圣.
  ③ '歐陽修': 六一老, 六一翁, 六一先生.
  ④ 그 외: 白虎王, 倉圣, 程子, 大舜, 杜武庫, 馮公, 賀老, 呼王, 皇頡,
          荊公, 林公, 婁公, 孟叟, 潘翁, 坡公, 坡老, 秦圣, 清卿,
          任君, 邵父, 神堯, 神禹, 生公, 圣祖, 師尙父, 十八高賢,
          天可汗, 吳子, 五父, 先圣先師, 小范老子, 伊公, 玉山先
          生, 晉井翁, 張老樂, 志公, 朱子, 宗父, 宗爺爺, 醉圣.

평등을 호소하는 현대 사회는 직업에는 귀천이 없다고 하지만 이를 호칭할 때는 사회적 대우를 부여하여 부르는 것이 현실이다. 배의 '舵手 (조타수)'를 높이 일러 '大翁'라 칭한다든가, 노래하는 '歌手'를 '歌伯'라 한다든가. 이와 같이 직업명이나 직함에는 사회적 대우가 반영되는바 직업·직함 칭호에서 사람들은 사회적 계층성을 인식하고 있다. 이에 관해서는 5장 부분에서 구체적으로 논의하기로 한다. 중국어 직업명, 직함에 대한 존대 대우의 지칭어는 (39)와 같은 것들이 있다.

(39) 직업·직함에 대한 존대 대우 지칭어:
　① 大翁, 大伸, 歌伯, 鼓老, 駕長, 老客, 棋圣, 神相, 師傅, 書友, 司傅, 武師, 賢歌, 弦師, 医官.
　② 직함 칭호: 麾下, 節麾, 老總.

그리고 중국은 현대 사회에 들어와서 (40)과 같은 존대 대우를 나타내는 지칭어 신어들도 출현하였다.

(40) 同志, 警嫂, 軍嫂, 老八路, 老革命, 榮譽軍人.

3.2.1.2. 지시 관련어

중국어의 타인대우어의 지시 관련어에는 주로 편지·문장 관련어, 주택·주거 관련어, 신체·생리 관련어, 그리고 이름, 나이 등에 대한 대우어들이 있다.

1) 편지·문장 관련어

편지·문장 관련어는 주로 문어체 존대대우어로 이루어진다. 편지 관

련 존대대우어를『謙辭敬辭婉辭』에서 구체적으로 잘 정리하였고 그
용법도 제시하고 있는데, 이를 참조하여 다음과 같이 정리한다. 중국어
의 타인대우어의 편지 관련어는 (41)과 같이 '鈞, 尊, 台, 華, 賜, 貺,
惠, 大, 玉, 瑤, 琅, 琼' 등 유표적 대우 자질을 지닌 접두어소에 의해
만들어진다. 편지 받는 사람의 이름 뒤에 붙이는 칭호는 (42)①, ② 같
은 것들이 있다.

(41) 상대방으로부터 받은 편지:
　　　鈞-: 鈞諭, 鈞札, 鈞函, 鈞夏, 鈞答.
　　　尊-: 尊諭, 尊示, 尊書, 尊函, 尊翰, 尊緘, 尊札.
　　　台-: 台敎, 台函, 台示.
　　　華-: 華敎, 華函, 華翰.
　　　賜-: 賜諭, 賜書, 賜函, 賜札.
　　　貺-: 貺書, 貺畢.
　　　惠-: 惠示, 惠敎, 惠書, 惠函, 惠札, 惠緘, 惠箋, 惠簡, 惠畢, 惠夏, 惠告.
　　　大-: 大敎, 大函, 大札.
　　　玉-: 玉緘, 玉音.
　　　瑤-: 瑤章, 瑤函, 瑤緘, 瑤箋, 瑤夏.
　　　琅-: 琅函, 琅帙.
　　　琼-: 琼翰, 琼音.

(42) 받는 사람 이름 뒤에 붙이는 칭호:
　　　① 執事, 函丈, 閣下, 麾下, 節下, 足下, 左右, 旅次, 至契.
　　　② 동일 어소로 이룬 칭호
　　　　　座: 鈞座, 台座, 座右, 座下, 座前.
　　　　　台: 台台, 恩台, 台下.

席: 台席, 道席, 函席, 杖席, 經席, 礼席, 苫席(苫次), 講席, 著席,
　　撰席, 史席, 文席, 吟席.

尊: 尊前, 尊右.

侍: 侍前, 侍右, 侍下, 侍者, 侍史, 侍福, 書侍.

鑒: 釣鑒, 台鑒, 員鑒, 尊鑒, 道鑒, 賜鑒, 賞鑒, 垂鑒, 雅鑒, 惠鑒,
　　大鑒, 喜鑒, 矜鑒, 均鑒, 同鑒, 公鑒.

覽: 台覽, 靑覽, 賜覽, 惠覽, 安覽, 親覽, 同覽.

察: 台察, 靑察, 賜察, 尊察, 惠察, 均察, 同察.

道: 有道, 道右, 道范.

그리고 남의 문장 또는 글을 존대 대우하여 이르는 말은 (43)과 같은
것들이 있다.

(43) 大集, 大作, 高文, 高制, 高作, 鴻篇巨着, 鴻篇鉅制, 鴻書, 鴻題, 華篇,
　　 黃鐘.

2) 주택·주거 관련어

사람의 생활과 관련하여 가장 중요한 것은 '의식주(衣食住)'이다. 중
국어에서는 '주(住)'와 관련된 존대대우어는 (44)와 같이 '땅, 지역'을 의
미하는 한자 앞에 [+높임] 자질을 지닌 유표적 접두어소를 붙여 표현하
는 경우가 많다.

(44) 宝地, 宝方, 宝庄, 貴處, 貴地, 貴壤.

주택과 관련해서는 구어체 한자 '家' 대신 (45)의 ①과 같이 문어체
한자 '府, 居, 齋, 邸, 宅' 등으로 표현하고 거기에 또 [+높임] 자질을

지닌 어소를 붙여 높임을 나타냈다. '府, 邸' 같은 경우는 그 자체가 [+높임] 자질을 지니기도 한다. 그리고 ②처럼 비유의 뜻으로 건물과 관련된 '門(문), 宇(지붕), 台(평평한 건축물)' 등을 이용하여 남의 집을 높여 이르기도 한다.

> (45) ① 府, 府上, 高居, 高齋, 貴邸, 貴府, 貴居, 貴宅, 盛府, 潭府.
> ② 門仞, 仁宇, 台屏.

3) 신체·생리 관련어

중국어의 신체 관련어는 구어체 평대대우어 '臉'과 문어체 평대대우어 '面'에 대응하여 (46)①과 같은 문어체 존대대우어들이 존재하고 구어체 평대대우어 '病'과 대응하여서는 (46)②와 같은 문어체 존대대우어들이 있다. 한국어도 마찬가지이지만 중국어의 이 부류의 존대대우어는 구어체가 발달되지 못했다.

> (46) ① 德容, 恩力, 范容, 光容, 光顏, 光儀, 淸顏, 玉貌, 玉面, 玉容, 玉色.
> ② 貴恙, 淸恙.

4) 추상적 대상 관련어

그 외 '이름', '나이' 등 추상적 대상에 대한 존대대우어들이 있는데 (47)①은 남의 이름을 존대 대우하여 이르는 말이다. (47)②는 남의 나이를 이르는 존대대우어이다.

> (47) ① 大号, 大名.
> ② 芳郗, 高齡, 高壽.

3.2.1.3. 동작 관련어

중국어의 대우관계는 '주고 받는' 관계 속에서 실현된다. 주는 동작은 상대가 하는 동작인 만큼 타인대우어의 범주이고 받는 동작은 자기가 하는 동작인 만큼 자기대우어의 범주이다. 중국어에서는 이 같은 '주고 받는' 관계를 아래 위의 방향성으로 높임을 표현하기도 한다.

주는 동작과 관련된 타인대우어의 동작 관련어는 (48)과 같이 위로부터 아래로의 방향성을 제시하는 접두어소들에 의해 표현된다.

(48) 위로부터 아래로의 방향을 제시
   垂-: 垂愛, 垂問, 垂詢.
   賜-: 賜顧, 賜惠, 賜見, 賜教, 賜臨, 賜命, 賜示, 賜听, 賜問, 賜許, 賜祝.
   俯-: 俯從, 俯矜, 俯就, 俯亮, 俯納, 俯念, 俯取, 俯允.
   下-: 下賁, 下顧, 下降,

그리고 중국어의 동작 관련 존대대우어에는 또 (49)와 같이 베풀어 줌을 뜻하는 한자 어소 '恩, 惠, 寵' 등에 의해 이루어지기도 한다.

(49) 恩-: 恩引, 恩允, 恩准.
   惠-: 惠賜, 惠貺, 惠允, 惠贈.
   寵-: 寵訪, 寵顧, 寵誨, 寵眷, 寵貺, 寵念, 寵携, 寵諭, 寵招.

3.2.2. 중국어 자기대우어

3.2.2.1. 칭호 관련어

중국어 자기대우어도 칭호 관련어, 지시 관련어, 동작 관련어 등으로 분포되었다. 중국어 자기대우어의 칭호 관련어는 친족 지칭어와 자칭이 위주이다.

1) 친족 지칭어

중국어 겸양 대우의 친족 지칭어를 정리하면 다음 (50)과 같다. 중국어 겸양 대우의 친족 지칭어 중 특히 자기 아내와 아들을 이르는 말이 발달하였다. 그리고 『漢語』에서는 자기의 손위 남자(형 또는 오빠)를 이르는 '家兄'은 겸양대우어로 처리하고 있지만 이에 대응되는 '家姐', '家弟', '家妹' 등에 대한 해석에는 겸양 자질을 부여하지 않아 대우 처리에서의 비대칭성을 보여주고 있다.

(50) 중국어 겸양 대우의 친족 지칭어
① 父親: 家父, 家嚴.
② 母親: 家慈, 家母.
③ 丈夫: 拙夫.
④ 妻子: 敝房, 寒荊, 箕箒之使, 箕帚妾, 箕帚之使, 賤房, 賤荊, 賤內, 賤室, 荊布, 荊婦, 荊妻, 荊人, 荊室, 老荊, 山荊, 山妻, 侍巾櫛, 新婦, 拙婦, 拙荊, 拙室.
⑤ 哥哥: 家兄.
⑥ 儿子: 賤息, 景升豚犬, 貧儿, 犬子, 豚儿, 豚子, 小儿, 小犬, 小頑, 愚男.
⑦ 女儿: 箕箒女, 小婢子, 小女.
⑧ 女婿: 小婿.

2) 자칭

자칭은 남에게 자기를 자처하여 일컫는 말이다. 자신을 비천한 몸이라고 자처하거나 지혜, 학식, 무예 등 재능 면에서 많이 떨어진다고 겸

손하게 자처하는 (51)과 같은 일반 자칭 겸양대우어가 있는가 하면 (52)
와 같이 특정 신분의 사람들이 스스로 자칭하는 겸양대우어가 있다.

> (51) 일반 자칭 겸양대우어: 阿蒙, 阿奴, 薄躬, 鄙闇, 鄙薄, 鄙劣, 鄙軀,
>   鄙人, 敝人, 不才, 不德, 不穀, 不谷, 不慧,
>   不文, 不武, 殘軀, 樗櫟庸材, 凡走, 附驥尾,
>   后學, 谫谫, 賤軀, 陋軀, 陋身, 陋生.

> (52) ① 노인 자칭 겸양대우어: 枯腐, 老骨頭, 老妾, 老朽, 老糟頭, 老拙.
>   ② 종교인 자칭 겸양대우어: 貧道, 貧姑, 貧衲, 貧尼, 貧僧.
>   ③ 남성 자칭 겸양대우어: 鄙夫, 鄙子, 賤夫, 小弟, 小可.
>   ④ 여성 자칭 겸양대우어: 賤妾, 貧妾, 小妹, 小妾.

3.2.2.2. 지시 관련어

중국어의 겸양 대우의 지시 관련어는 편지·문장 관련어, 주택·주거
관련어를 위주로 질병, 목숨, 음식, 능력 및 주장, 생각 등을 가리키는
겸양대우어들이 있다.

1) 편지·문장 관련어

중국어는 타인대우어에서 편지 관련어가 매우 풍부한데 비해 자기대
우어에서는 (53)에서 보다시피 편지 관련어가 아주 빈약하다.

> (53) 寸稟, 寸函, 寸箋, 手稟.

자기 대우의 문장 관련어 역시 많지 않은데 (54)①은 자신의 '시'를
겸손하게 이르는 말이고 (54)②는 자신의 '문장'을 겸손하게 이르는 말

이다.

(54) ① 巴俚, 菲什, 斧琢, 陋制, 攀和, 歪詩.
    ② 芙詞, 小文, 拙筆, 拙惡, 拙稿.

2) 주택·주거 관련어

다음 (55)는 자기 집을 겸손하게 이르는 주택 관련 겸양대우어이고 (56)은 자기가 거주하는 나라 또는 지역을 겸손하게 이르는 주거 관련 겸양대우어이다.

(55) 주택 관련 겸양대우어: 弊居, 敝廬, 斗舍, 犢廬, 草廬, 寒邸, 寒居,
        寒門, 寒舍, 寒廳, 衡廬, 荒居, 賤處, 賤地,
        賤迹, 卵息, 茅舍, 貧舍, 舍間, 舍眷, 舍下,
        蝸房, 蝸居, 蝸牛廬, 蝸牛舍, 蝸室, 下房, 下
        家, 小房, 小舍, 小宅.

(56) 주거 관련 겸양대우어: 敝國, 敝邑, 弊邑, 弊止.

그 외 겸양대우어로는 다음 (57)과 같은 것들이 있다.

(57) ① 질병: 負薪, 負薪之憂, 狗馬病, 賤恙, 犬馬之疾.
    ② 목숨: 草料, 賤命, 痴長.
    ③ 음식: 薄酒, 薄饌, 薄酌, 粗酒, 腐飯, 腐酒, 水酒, 小酌.
    ④ 능력: 鞭駑策蹇, 材薄質衰, 材輕德薄, 材疏志大, 材朽行穢, 草腹
        菜腸, 側陋, 塵忝, 塵濁, 痴頑, 充列, 叨辱, 道微德薄, 德薄
        才疏, 短拙, 非材, 非据, 管窺之見, 寒灰, 賤姿, 鳩拙, 狂痴,
        陋目, 盧前, 昧昧, 懵昧, 綿薄, 綿里薄材, 綿力.

⑤ 주장·생각: 卑意, 鄙見, 鄙識, 鄙心, 鄙言, 鄙意, 鄙願, 鄙旨, 不吝
珠玉(客套話), 慚感, 塵渴, 遲想, 芻蕘, 芻蕘之言, 芻
議, 村眉, 大老粗, 叨在知己, 短策, 短怀, 菲菲, 寡臣,
管見, 桂林一枝, 寒賤.

3.2.2.3. 동작 관련어

중국어의 자기대우어에서 겸양대우어는 주로 '받다'와 관련된 어휘들
이다. 중국어 겸양대우어는 (58)과 같이 자신이 행운으로 또는 잘못되
게 혜택을 받았다고 겸손하게 표현한다. 그리고 (59)는 아래로부터 위
로의 방향성을 제시하는 유표적 접두어소에 의하여 겸양대우어를 이루
고 (60)은 자신의 공경한 태도를 제시하는 접두어소에 의하여 겸양대우
어를 이룬다.

(58) 蒙幸, 免賜, 謬恩, 繆恩, 辱知, 尸忝, 誤恩, 猥辱, 下愛, 虛忝.

(59) '呈-': 呈敎, 呈遞, 呈送, 呈正, 呈政.
    '奉-': 奉拜, 奉別, 奉達, 奉夏, 奉告, 奉還, 奉候, 奉祭, 奉陪, 奉勸,
        奉扰, 奉商, 奉上, 奉送, 奉托, 奉聞, 奉迓, 奉央, 奉邀, 奉迎,
        奉贈.
(60) '拜-': 拜別, 拜茶, 拜辭, 拜登, 拜讀, 拜訪, 拜服, 拜伏, 拜府, 拜覆,
        拜賀, 拜候, 拜見, 拜具, 拜聆, 拜領, 拜納, 拜啓, 拜上, 拜識,
        拜受, 拜書, 拜托, 拜望, 拜慰, 拜問, 拜意.
    '敬-': 敬告, 敬賀, 敬候.

3.3. 소결

이 장에서는 한국어와 중국어의 대우어를 타인대우어와 자기대우어로 구분하여 의미별로 그 양상을 살펴보았다.

한국어의 타인대우어와 자기대우어를 또 다시 칭호 관련어, 지시 관련어, 동작 관련어의 범주에서 그 의미별 유형을 구체적으로 살펴보았다. 한국어 타인대우어와 자기대우어를 의미 유형별로 요약 정리하면 다음과 같다.

(61) 한국어 대우어의 양상
　　가. 한국어 타인대우어의 의미 유형(존대대우어 위주로)
　　　① 칭호 관련어
　　　　a. 친족 호칭어: 아버님, 어머님, ……
　　　　b. 친족 지칭어: 貴息, 令愛 ……
　　　　c. 사회적 통용 지칭어: 老人丈, 先生님, 主人丈, 女士 ……
　　　　d. 인칭대명사 지칭어: 그대, 여러분, 當身, 老兄 ……
　　　　e. 종교 관련 지칭어: 부처님, 공자님 ……
　　　② 지시 관련어
　　　　a. 편지·문장 관련어: 貴函, 高札, 高文, 玉文, 足下, 謹上,
　　　　　　謹言 ……
　　　　b. 주택·주거 관련어: 宅, 高屋, 貴家, 貴地, 貴處, 錦地
　　　　　　……
　　　　c. 신체·생리 관련어: 芳顔, 芳容, 病患, 患候 ……
　　　　d. 추상적 대상 관련어: 高名, 高華, 春秋, 年歲, 生辰, 誕生
　　　　　　日 ……

③ 동작 관련어

逝去, 들다, 드시다, 주무시다 ……

나. 한국어 자기대우어의 의미 유형(겸양대우어 위주로)

① 칭호 관련어

a. 친족 지칭어: 안사람, 집사람, 家兒, 家豚 ……

b. 자칭: 저, 眷下生, 愚生, 孤子, 孤哀男, 貧僧, 貧道 ……

② 지시 관련어

a. 편지·문장 관련어: 惡札, 愚書, 拙筆, 愚筆, 下誠, 微誠, 下懷 ……

b. 주택·주거 관련어: 陋宅, 拙家, 陋地, 陋巷 ……

c. 그 외

③ 동작 관련어: 뵙다, 듣잡다, 드리다, 바치다, 받잡다 ……

중국어의 타인대우어와 자기대우어도 칭호 관련어, 지시 관련어, 동작 관련어의 범주에서 그 의미별 유형을 구체적으로 살펴보았다. 중국어 타인대우어와 자기대우어를 의미 유형별로 요약 정리하면 다음과 같다.

(62) 중국어 대우어의 양상

가. 중국어 타인대우어의 의미 유형(존대대우어 위주로)

① 칭호 관련어

a. 친족 호칭어: 祖君, 天父, 阿丈.

b. 친족 지칭어: 慈父, 尊萱, 家夫人, 令兄, 哲兄, 千金 ……

c. 사회적 통용 칭호: 老人家, 老師, 高足, 女士, 師母, 太太 ……

d. 인칭대명사 지칭어: 您, 賢家, 賢每.

e. 종교 관련 지칭어: 法王, 佛爺, 禪師, 仙官, 眞君, 喇嘛 ……

f. 기타 지칭어

② 지시 관련어

    a. 편지·문장 관련어: 鈞諭, 鈞札, 大作, 高文, ……

    b. 주택·주거 관련어: 府, 府上, 高居, 貴邸, 仁宇 ……

    c. 신체·생리 관련어: 德容, 恩力, 范容, 貴恙, 淸恙 ……

    d. 추상적 대상 관련어: 大号, 芳鄰, 高齡, 高壽.

③ 동작 관련어

    垂愛, 賜見, 惠賜, 惠貺 ……

나. 중국어 자기대우어의 의미 유형(겸양대우어 위주로)

① 칭호 관련어

    a. 친족 지칭어: 家慈, 家母, 荊婦, 荊妻, 小女 ……

    b. 자칭: 鄙人, 敝人, 不才, 老朽, 貧道, 貧姑, 小弟, 小可 ……

② 지시 관련어

    a. 편지·문장 관련어: 寸稟, 寸函, 寸箋, 手稟, 巴俚, 菲什,

        拙稿 ……

    b. 주택·주거 관련어: 弊居, 敝廬, 斗舍, 敝邑, 弊邑, 弊止 ……

    c. 그 외

③ 동작 관련어

    呈敎 奉拜 拜別 敬告 ……

이 장에서 특히 주목되는 것은 다음과 같은 몇 가지가 있다.

첫째, 한국어의 타인대우어의 '친족 지칭어'는 남의 친족에 대한 지칭과 자기 친족에 대한 지칭이 차이를 보인다. 남의 친족에 대한 지칭어는 '존대-평대-하대'의 三枝的 대립을 보이고 자기 친족에 대한 지칭어는 '존대-평대'의 二枝的 대립을 보인다.

둘째, 한국어 자기대우어의 '친족 지칭어'는 본인 세대 또는 아래 세대에만 존재한다. 상대방 앞에서 자기와 같은 세대거나 아래 세대의 친족을 존대 대우하여 지칭하면 그 높임 효과가 자신한테까지 파급되어 '자기 낮춤 원칙'에 위배되지만 남 앞에서 자기와 관련된 윗세대 친족에 대하여 존대대우어를 사용하는 것은 한층 더 예절바른 표현이기 때문이다. 그리고 타인대우어와 달리 자기대우의 친족 지칭어에는 문어체의 평대대우어가 존재하지 않는다. 이는 문어체는 공식적인 장소나 글말에서 쓰이는 만큼 겸손하게 겸양대우어로 사용해야 하기 때문이다.

중국어 자기대우어의 '친족 지칭어'는 자기 아내와 아들을 이르는 말이 발달되었다. 그리고 자기 손위 남자를 이르는 '家兄'은 겸양대우어로 처리하고 있지만 이에 대응되는 '家姐, 家妹, 家弟' 등은 평대대우어로 처리하여 대우 처리에서의 비대칭성을 보여주고 있다.

셋째, 한국어의 '뵙다, 듣잡다, 드리다, 바치다, 올리다, 받잡다' 등 동작 관련어는 청자 또는 제삼자를 높여 주는 역할을 하지만 어디까지나 화자의 행동인 만큼 존대대우어로 규정되어서는 안 되고 공손을 나타내는 자기 대우의 겸양대우어로 규정되어야 타당하다는 것이다.

넷째, 일부 한자어는 한국어 어휘계통에 정착하는 과정에 의미변화를 거쳐 존대 대우에서 평대 대우로 이전하는 현상을 보인다. 중국어의 '孔子(공자)'는 '孔丘(공구)'에 대한 존대대우어지만 한국어에서 '공자'는 평대 대우의 지칭어로 쓰이고 이를 존대 대우하려면 '공자님'으로 지칭한다. '逝去하다, 枉臨하다, 淸覽하다' 등도 선어말어미 '-시-'를 붙여 '逝去하시다, 枉臨하시다, 淸覽하시다' 등과 같이 쓰이는 것은 이들의 대우도가 한층 떨어졌음을 의미하지 않나 싶다.

제4장 한·중 대우어의 의미관계론적 대조 분석

앞에서 살펴보다시피 한국어와 중국어의 대우어는 방대한 어휘수를 자랑하고 있다. 그러나 이같이 방대한 대우어 어휘들은 각자가 뿔뿔이 존재하는 것이 아니라 다양한 연관성을 가지고 어떠한 밀접한 관계를 이루며 존재한다. 이 장에서는 의미관계론적 시각으로 이들을 살펴보고자 한다.

한·중 대우어에 대한 의미관계 분석은 중국어를 배우는 한국인 학습자나 한국어를 배우는 중국인 학습자들에게 어휘 공부를 하는데 도움이 될 것이다. 의미론자들은 어휘는 낱말의 단순한 목록이 아니라 의미상 관련되는 여러 유형의 개념영역을 형성한다고 보면서 이러한 어휘의 의미구조에 대한 통찰은 어휘 사이에 존재하는 다양한 상호 관계에서 관련되는 항목을 구조화시켜 체계적으로 제시하는 것이 어휘 학습에 생산적인 결과를 가져다준다는 것을 시사해주고 있다(석용준 1999:113). 조현용(2008)도 외국인을 위한 한국어 교육에서 의미관계를 활용하면 어휘를 유기적으로 암기할 수 있는 장점이 있다고 지적하였다.

이익섭(1986/2008:178)은 단어의 의미를 파악하는 길의 하나가 그 단어와 의미적으로 관련 있는 다른 단어와 비교하여 그들 간의 의미 관계를 살펴보는 일이라 하였다. 단어 간의 의미관계를 따지는 일이 단어 의미의 속성을 파악하는데 유익하기 때문에 전통적인 의미론에서 가장 집중적으로 다루어 온 분야이기도 하다. 다음에 한국어와 중국어의 대우어를 유의 관계, 반의 관계, 다의 관계 별로 살펴보고 그 공통점과 차이점을 대조 분석하고자 한다.

4.1. 한·중 대우어의 유의 관계

어휘 사이에 유의 관계가 형성되는 원인은 다양하다. 한국어 어휘들에서 유의어가 생기는 계기에 대하여 이익섭(1986/2008:184)은 크게 세 가지를 들고 있는데, 첫째는 자기의 입맛에 맞게 말의 맛을 다채롭게 만들기 위해 만들어지고 둘째는 한국어 순화라고 해서 정책적으로 새 말을 만들어 쓰고 셋째는 금기(禁忌) 때문에 만들어진다고 하였다. 따라서 이같이 만들어지는 유의 관계의 유형들도 다양할 수밖에 없다. Collinson(1939)에서 제시한 9가지 유형, 김광해(1993)에서 제시한 11가지 유형 등이 대표적이다.

Collinson(1939)이 제시한 9가지 유형은 다음과 같다. 1) 한 쪽이 더 일반적이다. 2) 한 쪽이 더 강하다. 3) 한 쪽이 더 감정적이다. 4) 한 쪽이 도덕적으로 더 중립적이다. 5) 한 쪽이 더 전문적이다. 6) 한 쪽이 더 문어적이다. 7) 한 쪽이 더 구어적이다. 8) 한 쪽이 더 방언적이다. 9) 한 쪽이 어린이말이다.

김광해(1993)에서 제시한 11가지 유형은 다음과 같다. 1) 높임말: 한 쪽이 높이는 의미를 지니는 말로 공대어 또는 경어. 2) 낮춤말: 한 쪽이 낮추는 의미를 지니는 말로 하대어. 3) 비유적 표현: 한 쪽이 의미를 비유적으로 표현하는 경우. 4) 속어: 한 쪽이 속된 용법으로 사용되는 말. 5) 완곡어: 한 쪽이 의미를 완곡하게 전달하는 경우. 6) 특수어: 한 쪽이 특수한 언어 사회나 계층에서 사용되는 말, 전문어 등도 여기에 포함. 7) 유아어: 유아들이 사용하거나 유아들을 대상으로 할 때 사용하는 말. 8) 준말: 한 쪽이 줄어든 말인 경우. 9) 방언: 방언에서 사용되는 어휘인 경우. 10) 정감적 표현: 한 쪽이 정서적 감정을 전달하는 표현인 경우. 11) 외래어: 한 쪽이 외국에서 들어온 말인 경우.

4.1.1. 한국어 대우어의 유의 관계

김광해(1993)에서 제시한 유형에 따라 한국어 대우어를 살펴보면 우선 주목할 것은 높임말과 낮춤말에 의해 표현되는 유의 관계이다. 높임말-예사말, 낮춤말-예사말의 대우관계에 의해 양쪽이 유의 관계를 이룬다는 것이다. Collinson(1939)에서 말하는 한 쪽이 더 강하거나 한 쪽이 더 감정적이라 하는 것도 이와 같은 맥락에서 하는 말이다.

따라서 (3)의 ①처럼 타인대우어의 평대대우어와 존대대우어가 유의 관계를 이루고, ②처럼 자기대우어의 평대대우어와 겸양대우어가 유의 관계를 이룬다. 그리고 타인대우어에서는 (3)의 ③처럼 평대대우어, 존대대우어, 하대대우어 삼자가 동시에 유의 관계를 이룰 수도 있다.

(3) ① 밥-진지. 나이-年歲. 얼굴-容貌.
② 나-저. 보다-뵙다. 먹다-처먹다. 얼굴-얼굴짝.

③ 할머니-할머님-할미.

그러나 대우어라 함은 존대-평대-하대 또는 평대-겸양의 종적인 대
우의 차이가 있는 만큼 가장 접근된 유의 관계는 횡적인 대우 차원의
어휘 사이에 형성된다. (4)① 같은 경우는 타인대우어의 존대대우어 사
이에서 유의 관계가 형성되고 (4)② 같은 경우는 자기대우어의 겸양대
우어 사이에서 유의 관계가 형성되었다.

(4) ① 椿府丈-春堂-令尊. 慈堂-大夫人-母堂-令堂.
    ② 家眷-愚妻-拙妻. 家兒-家豚-愚息-賤息.

다음, 한국어의 대우어는 문체적으로 고유어와 한자어가 유의 관계
를 이룰 수 있다. 한국어의 대우어 체계에는 주로 구어체를 이루는 고
유어계 대우어와 주로 문어체를 이루는 한자어계 대우어가 서로 조화
를 이루며 공존하고 있다. 고유어계 대우어와 한자어계 대우어는 각자
의 어휘계통에서 대우체계를 형성하고 있다. 따라서 (5)와 같이 고유어
계통의 평대대우어와 한자어 계통의 평대대우어가 유의 관계를 이루고
고유어 계통의 존대대우어와 한자어 계통의 존대대우어가 유의 관계를
이룬다.

(5) 어머니-모친. 아버지-부친. 어머님-慈親. 아버님-嚴父.

그리고 일상어와 특수어 사이에도 유의 관계를 이룬다. 예를 들면
궁중어휘가 대표적인데, 임금이 '나, 저' 대신으로 '朕(짐), 寡人(과인)'
을 쓴다거나 '밥'의 존대대우어 '진지' 대신 궁중에서는 '수라'를 쓰는 것

과 같은 것이다.

(6) 나-朕. 저-寡人. 진지-수라

4.1.2. 중국어 대우어의 유의 관계

중국어 대우어의 의미관계와 관련하여 鄧岩欣(1994)와 劉超班(1999a)에서는 敬詞와 謙詞의 동의-반의 관계 문제를 지적하고 있다. 鄧岩欣(1994:6)은 '예절어는 의미상으로는 개념의미의 동의관계를 표현할 뿐 아니라 예절 부가의미의 반의적 대립관계도 표현한다'[1]고 하였고 劉超班(1999a:71)은 '중국어 고대 경어 중 높임 어소는 의미적으로 대부분 논리성 의미의 동의관계와 경겸 색채의미의 대립성을 지닌다'[2]고 하였다. 다시 말하면 유의 관계 또는 반의 관계는 어떤 기준을 설정하는가에 따라 그 의미관계가 결정된다는 것이다.

의미를 기준으로 중국어 대우어도 (7)①과 같은 평대대우어와 존대대우어 사이의 유의 관계, (7)②와 같은 평대대우어와 겸양대우어 사이의 유의 관계, (7)③과 같은 평대대우어와 존대대우어, 하대대우어 사이의 유의 관계가 이루어진다.

(7) ① 家-府. 名字-大名. 你-您.
     ② 儿子-犬子. 我-在下. 農民-鄕下佬.
     ③ 老人-老人家-老不死.

---

1) 원문: 主從式礼貌詞從語義上看往往是表現出槪念義的同義聚合和礼貌附加義的反義對立.
2) 원문: 中國古代敬語中的表敬語素, 在語義上大多都具有邏輯性義的同義聚合性和敬謙色彩義的對立性.

그리고 중국어 대우어에서 일상어와 특수어 사이에 유의 관계가 형성되는 것도 마찬가지이다.

(8) 飯-膳. 我-朕.

중국어 대우어의 유의 관계 어휘들은 그 조어형식에 따라 다음 세 가지 유형으로 분류할 수 있다.

첫째, 동소(同素) 유의 관계. 어휘들 사이의 관계가 유의어 관계일 뿐 아니라 적어도 하나의 한자 어소가 동일한 것을 말한다. 이는 또 (9)①과 같이 [+높임] 자질을 지닌 유표적 어소가 동일한 것. (9)②와 같이 [+낮춤] 자질을 지닌 유표적 어소가 동일한 것. (9)③과 같이 무표적 어소가 동일한 것 등으로 구분할 수 있다.

(9) ① [+높임] 자질을 지닌 유표적 어소가 동일한 것
　　 惠函-惠書-惠音.
　　 尊諭-尊示-尊書-尊函-尊翰-尊緘-尊札.
　　 賜諭-賜書-賜函-賜札.
② [+낮춤] 자질을 지닌 유표적 어소가 동일한 것
　　 寸函-寸箋-寸稟.
　　 拙作-拙著-拙稿.
　　 鄙閣-鄙薄-鄙劣-鄙軀-鄙人.
　　 不才-不德-不穀-不谷-不慧-不文-不武.
③ 무표적 어소가 동일한 것
　　 愚見-鄙見-服見-淺見-管見.
　　 薄礼-小礼.

둘째, 이소(異素) 유의 관계. 어휘들 사이의 관계가 유의 관계이지만 동일한 어소를 하나도 공유하지 않은 것을 말한다. (10)과 같이 '斥削, 斧正, 呈政' 등은 동일 어소를 공유하고 있지 않지만 모두 다른 사람이 자신의 글 또는 문장을 수정해줌을 존대 대우하여 이르는 말이고 '伏祈, 仰乞' 역시 동일 어소를 공유하지 않지만 '기원하다'의 의미로 유의 관계를 이룬다.

> (10) 斥削-斧正-呈政.
> 伏祈-仰乞.

셋째, 복합(複合) 유의 관계. 어휘들 사이의 관계가 유의 관계이면서 일부 어휘는 동일 어소를 공유하고 일부 어휘는 동일 어소를 공유하지 않는 복합적 양상을 보이는 것을 말한다. 특히 (11)과 같은 편지·문장 관련어들에 이 같은 유형의 유의 관계 대우어들이 많다.

> (11) 鈞諭-鈞札-鈞函-尊諭-尊示-華教-華函-華翰-惠示-惠教-惠書-惠函-惠箋.
> 大集-大作-高文-高制-高作-鴻篇巨着-鴻篇鉅制-鴻書.
> 台教-清教-大教-雅教-清誨-鈞誨-誨示-教示.

4.2. 한·중 대우어의 반의 관계

윤평현(2008:139)은 반의 관계의 성립은 여러 가지 의미 특질 가운데 서 비교 기준으로 삼은 하나의 의미 특질이 달라야 함을 지적하였다.

반의어는 여러 가지 동질성 속에서 서로를 차별화하는 이질성이 있음으로 하여 성립된다.

4.2.1. 한국어 대우어의 반의 관계

한국어 대우어 체계는 유의 관계를 이루는 동시에 평대대우어를 중심으로 존대대우어와 하대대우어가 서로 상반되는 대우 자질을 지니기에 반의 관계를 이루기도 한다. 위 (3)의 ③에서 '할머님'과 '할미'는 '대우'를 기준으로 [+높임]과 [+낮춤]의 대립으로 반의 관계를 이룬다고 볼 수 있다. 이처럼 동일 평대대우어를 가진 존대대우어와 하대대우어는 반의 관계를 이룬다고 볼 수 있다.

그러나 대우어 체계는 타인대우어와 자기대우어의 구분이 있기에 동일 평대대우어라 할지라도 두 대우어 체계를 혼동해서는 안된다. 예를 들면 평대대우어 '아들'에 대응하여 [+높임] 자질을 지닌 존대대우어 '슈息'이 있는가 하면, [+낮춤] 자질을 지닌 겸양대우어 '賤息'이 있는데 이때 '슈息'과 '賤息'이 반의 관계를 이루는 것은 아니다. '슈息'은 타인대우어의 범주이고 '賤息'은 자기대우어의 범주인데, '슈息'은 남의 아들에게만 쓰이고 '賤息'은 자기 아들에게만 쓰이기에 둘은 반의 관계를 이룰 수 없다.

그리고 성별을 기준으로 '남성'과 '여성'도 대립된다. '할아버지'와 '할머니', '아버지'와 '어머니'는 친족칭호로서 이들은 성별을 기준으로 이질성을 나타내 반의 관계를 이루는데 다음 (12)의 ①과 같이 타인대우어의 자기 할아버지를 지칭하는 존대대우어와 자기 할머니를 지칭하는 존대대우어가 반의 관계를 이루고 자기 아버지를 지칭하는 존대대우어와 자기 어머니를 지칭하는 존대대우어가 반의 관계를 이룰 수 있다. 이는 자기대우어의 겸양대우어 친족칭호에서도 마찬가지이다. ②와 같이 자기 남편을 이르는 겸양대우어와 자기 아내를 이르는 겸양대우어가 반의 관계를 이루고 자기 아들을 이르는 겸양대우어와 자기 딸을 이르는 겸양대우어가 반의 관계를 이룬다.

(12) ① 할아버님, 祖父님, 王父 - 할머님, 祖母님, 王母.
　　　아버님, 家親, 家君, 家大人, 家嚴, 嚴君, 嚴父, 嚴親 - 어머님, 慈親, 慈闈.
　　② 바깥사람, 지아비 - 안사람, 지어미, 집사람, 부엌사람, 안식구. 家兒, 家豚, 豚犬, 豚兒, 迷豚, 未熄, 迷兒, 愚息, 賤息 - 愚女.

그리고 동작 관련어에서 '주고 받는' 상대적 관계에 따라서도 대립이 형성되고 반의 관계가 형성된다. '주다'는 무언가를 자기 쪽에서 밖으로 내보내는 것이고 '받다'는 무언가를 밖에서 자기 쪽으로 들어온다는 의미에서 대립 관계를 이룬다. '주다'와 '받다'가 반의 관계를 이룰 뿐만 아니라 (13)과 같이 이들의 겸양대우어 '드리다, 바치다, 올리다'와 '받잡다'도 반의 관계를 이룬다.

(13) 드리다, 바치다, 올리다 - 받잡다.

4.2.2. 중국어 대우어의 반의 관계

중국어 대우어의 반의 관계도 같은 대우체계 내에서 대우 자질에 따라 [+높임] 자질을 지닌 존대대우어와 [+낮춤] 자질을 지닌 하대대우어 사이에 반의 관계가 이루어진다. 예를 들면 사회적 통용 지칭어에서 '중(僧)'에 대한 존대 대우의 지칭어 '禪師, 法師, 古德, 上人, 師父, 長老' 등과 하대 대우의 지칭어 '髡奴, 髡牝, 髡囚, 髡徒, 乞胡, 秃奴, 賊秃' 등이 반의 관계를 이룬다고 볼 수 있다.

중국어 대우어의 반의 관계는 또 성별의 대립에 따라 이루어질 수도 있다. 친족 칭호에서 같은 존대대우어나 평대대우어 내에서 '남성'과 '여성'의 대립에 따라 '할머니 관련어'와 '할아버지 관련어'가 반의 관계를 이룰 수 있고 '어머니 관련어'와 '아버지 관련어'가 반의 관계를 이룰 수 있는 것이다.

4.3. 한·중 대우어의 다의 관계

한 어휘가 여러 의미를 지니고 있으면 그 어휘를 다의어라 하고 이들 의미 사이의 관계를 다의 관계라 한다. 어휘는 역사적 요인이든, 효율성 때문이든 다의적 특징을 가지기 마련이다. 하나의 어휘가 하나의 의미를 지니는 경우는 드물고 기본의미 외에 파생적 의미 또는 주변의미를 지니는 경우가 많다. 대우어 역시 이와 같은 어휘로서의 일반적 특징을 지니고 있다.

4.3.1. 한국어 대우어의 다의 관계

『표준』에서는 다음 (14)와 (15)의 형식으로 다의어와 동음이의어를 구분하고 있다.[3] (14)와 (15)는 동음이의관계이고 (14)의 「1」, 「2」, 「3」,

「4」는 다의 관계이다. 그러나 동음이의관계는 대우 범주에서는 큰 의미가 없기에 논의하지 않고 다의 관계만 보기로 한다. (16)처럼 칭호어 높임말에서 '어머님「1」', '어머님「2」', '어머님「3」', '어머님「4」', '어머님「5」', '어머님「6」'은 다의 관계를 이룬다.

(14) 어머니01
    「명사」
    「1」자기를 낳아 준 여자를 이르거나 부르는 말. ≒아미02(阿嬭).
    「2」자녀를 둔 여자를 자식에 대한 관계로 이르거나 부르는 말.
    「3」자기를 낳아 준 여성처럼 삼은 이를 이르거나 부르는 말.
    「4」자기의 어머니와 나이가 비슷한 여자를 친근하게 이르거나 부르는 말.

(15) 어머니02
    「명사」『문학』
    러시아의 소설가 고리키가 지은 장편 소설. 무지(無知)와 인종(忍從)으로만 살아온 한 어머니가 러시아 혁명 운동을 하는 아들의 영향으로 점차 의식화되어 가는 과정을 그린 것으로, 집단적인 혁명 투쟁 속에서 인간은 새롭게 태어난다는 것을 보여 주고 있다. 1908년에 발표하였다.

(16) 어머-님
    「명사」
    「1」'어머니01「1」'의 높임말. 주로 돌아가신 어머니를 이르거나 편지 글 따위에서 쓴다.

---

3) 다의어와 동음어의 구분 기준은 이익섭(1986/2008:180-181) 참조 바람.

「2」 '어머니01「2」'의 높임말.

「3」 '어머니01「3」'의 높임말.

「4」 '어머니01「4」'의 높임말.

「5」 '시어머니'를 이르거나 부르는 말.

「6」 '장모01'를 친근하게 이르거나 부르는 말.

한국어 어휘의 다의성에 의해 사용에 따라 대우 자질이 사라지거나 변하기도 한다. '陋室'의 경우, 대우어로 사용하면 '자신이 거처하는 방을 겸손하게 이르는 말'이지만 일반 어휘로 사용하면 그냥 '더러운 방'을 의미한다. '노인'에 대한 지칭어 '老物' 같은 경우는 자기에게 사용하면 자기 대우의 겸양대우어이지만 남에게 사용하면 타인 대우의 하대대우어가 된다.

4.3.2. 중국어 대우어의 다의 관계

중국어 대우어의 다의 관계도 한국어와 큰 차이는 없다. '尊兄' 같은 경우, 높임의 대우 의미를 세 개 가지는데, 1) 동년배 연장자 또는 자기 형에 대한 경칭,[4] 2) 남의 형에 대한 경칭,[5] 3) 친구 또는 동료에 대한 경칭[6] 등과 같은 것들이다.

그리고 중국어 겸양대우어의 경우도 역시 사용에 따라 그 대우 자질이 사라지거나 변하기도 한다.

역사적 원인으로 인해 다의어 관계를 이루는 경우도 있는데, 劉宏麗

---

4) 원문: 對同輩年長者或己兄的敬称.

5) 원문: 對他人之兄的敬称.

6) 원문: 朋友, 共事者之間的敬称.

(2009;146)는 그 예로 '上下'를 들고 있다. "'上下'는 六朝 및 隋唐 시대에는 부모에 대한 존칭으로 쓰였고, 宋元 이후에는 공직자에 대한 존칭으로 쓰였으며, 그 후에는 연장자의 성함을 부를 때 쓰였다"[7]

4.4. 한·중 대우어의 의미관계 대조 분석

먼저, 한·중 대우어의 유의 관계부터 대조하여 살펴본다.

한국어는 어종별로 고유어와 한자어의 구별이 있어 고유어와 한자어 사이에 유의 관계를 이루지만 중국어는 이 같은 구별이 없다. 그러나 중국어 대우어 역시 구어체와 문어체의 구별이 있어 구어체 대우어와 문어체 대우어 사이에 유의 관계를 이룬다. 예를 들면 '儿子'의 겸양대우어로서 구어체 '小儿'과 문어체 '豚犬'이 유의 관계를 이룬다. 그리고 중국어는 고대 소수민족어의 영향으로 중국어 어휘계통에 외래어로 소수민족 어휘들이 영입되었는데 이들 사이도 유의 관계를 이룬다. 예를 들면 '母親'과 만주어의 '額娘', '父親'과 고대 위구르어에서 유입된 '阿多', 고대 거란어에서 유입된 '阿主沙里' 등이 서로 유의 관계를 이룬다.

중국어 대우어는 일반적으로 둘 또는 그 이상의 어소(語素)로 구성된다. 중국어는 표의문자인 것만큼 매개의 어소는 상대적으로 독립적이다. 따라서 어휘 차원뿐만 아니라 어소의 차원에서의 유의 관계를 살펴볼 필요가 있다.

『谦词敬词婉词』(2010:46)는 의미장 분류를 하면서 일부는 어소의

---

7) 원문: "上下", 在六朝及隋唐時代是對父母的尊称, 宋元以后是對公差的尊称, 后來又用于問尊長的名字, "犹言上一字下一字.

유의 관계에 따라 분류하고 있다. '伏惟, 伏念, 伏計, 伏想, 伏望, 伏祈, 伏承, 伏蒙, 伏知, 伏見, 伏聞, 伏听, 伏讀, 伏候, 伏奉, 伏奏'와 '仰攀, 仰扳, 仰高, 仰酬, 仰答, 仰美, 仰慕, 仰企, 仰止, 仰屈, 仰承, 仰荷, 仰祈, 仰煩, 仰服, 仰瀆'8) 등에서 '伏'와 '仰'은 동사 앞에 붙어 겸양대우 어로 쓰이는데 『漢語』의 해석을 보면, '伏'는 '엎드림. 얼굴을 아래로 향하고 몸을 앞으로 구부림(趴, 臉向下, 体前屈)'9)의 의미가 있고 '仰' 은 '얼굴을 위로 향하여 올려봄(臉向上, 与"俯"相對)'10)의 의미를 지닌 다. 얼핏 보기에는 '얼굴을 아래로 하는 것'과 '얼굴을 위로 하는 것'이 서로 반대를 이루는 것 같지만 실제는 둘 다 상대를 높이기 위해 자기 를 낮은 위치에 처하게 함을 의미한다. '伏'와 '仰'은 모두 상대방이 '높 고 크고' 자기는 '작고 보잘 것 없음'을 의미하는바 두 어소의 의미는 동일한 것으로 보아야 한다. 이 같이 중국어 대우어의 유표적 어소 사 이에 유의 관계를 이루는 것은 다음 (17)과 같은 것들도 있다.

(17) 惠(惠顧, 惠臨)-光(光顧, 光臨)
　　　俯(俯愛, 俯察, 俯念, 俯允)-垂(垂愛, 垂察, 垂示, 垂恩)

중국어와 달리 한국어 대우어에서는 대우 자질을 유표적 접미사로 나타내는 경우가 많다. 이를테면 하대대우어를 이루는 고유어 접미사 들을 살펴보면 대부분이 (18)①과 같이 '사람'을 낮잡아 이르는 인칭접 미사들인데, 인칭접미사 '-뱅이, -놈, -년, -꾸러기, -배기, -빼기, -뜨

---

8) 『谦词敬词婉词』(2010:46)의 용례를 참조.
9) '伏'에 대한 『漢語』의 사전해석: ① 趴, 臉向下, 体前屈. ② 低下去. ③ 屈服, 承認錯誤 或受到懲罰. ④ 使屈服. ⑤ 隱藏. ⑥ 農曆 划分夏季最炎熱的三个階段. ⑦ 姓.
10) '仰'에 대한 『漢語』의 사전해석: ① 臉向上, 与"俯"相對. ② 敬慕. ③ 依賴. ④ 旧時公 文用語. 上行文中用在"請、祈、懇"等字之前, 表示恭敬. ⑤ 服下, 指服毒. ⑥ 姓.

기, −바리, −치기, −치, −것, −데기, −퉁이, −둥이, −내기, −아치' 등은
사람을 하대하여 이른다는 의미에서 유의 관계를 이룬다고 볼 수 있고
(13)②와 같이 '사람이 한 행동'을 낮잡아 이르는 접미사들, 예하면 '−질,
−지거리' 등이 유의 관계를 이룬다고 볼 수 있다.

> (18) ① 뱅이(게으름뱅이, 주정뱅이) − 놈(촌놈, 어린놈) − 년(도둑년, 촌
> 년) − 꾸러기(청승꾸러기, 말썽꾸러기) − 배기(양코배기, 나이배
> 기) − 빼기(얽빼기, 얇족빼기) − 뜨기(시골뜨기, 촌뜨기) − 바리
> (군바리, 뒤틈바리) − 치기(농사치기, 반치기) − 치(나루치, 장사
> 치) − 것(부엌것) − 데기(늙으데기, 부엌데기) − 퉁이(매련퉁이,
> 미련퉁이) − 둥이(검둥이, 얼방둥이) − 내기(산골내기, 시골내기)
> − 아치(재주아치, 벼슬아치)
> ② 질(담배질, 비럭질) − 지거리(농지거리, 허텅지거리)

다음, 한·중 대우어의 반의 관계를 대조하여 살펴보면,

두 언어 모두 타인대우어와 자기대우어의 구분되는 두 체계를 가진
다. 따라서 대우어의 반의 관계를 논할 때는 반드시 두 체계를 구분하
여 논하여야 한다.

한문학의 영향으로 한국어에도 한자어계의 편지·문장 관련어, 주택·
주거 관련어 등이 발달되었는데, 한국어와 중국어를 막론하고 이들 어
휘는 타인 대우의 존대대우어와 자기 대우의 겸양대우어가 발달되었
다. 이들은 소속 관계를 기준으로 하면 '남의 것'과 '자기 것'으로 대립관
계를 이룰 수 있지만 대우 관계를 기준으로 하면 반의 관계를 이룰 수
없다.

그리고 한·중 대우어의 다의 관계를 대조하여 살펴보면,

한국어의 한자어는 중국어에서 영입되었지만 중국어 어휘의 일부 의미만 영입되었거나 영입된 후 새로운 의미를 더 부여한 경우가 많다. 예를 들어 '老物'에 대한 한국어의 『표준』과 중국어의 『漢語』의 해석을 비교하여 살펴보면 이를 알 수 있다.

(19) '노물'에 대한 『표준』의 뜻풀이

　　노물02(老物)[노ː ㅡ]

　　[Ⅰ]「명사」

　　　　「1」 낡고 오래된 물건.

　　　　「2」 너무 늙어서 쓸모없는 사람을 낮잡아 이르는 말.

　　[Ⅱ]「대명사」

　　　　늙은 사람이 자기를 낮추어 이르는 일인칭 대명사.

(20) '老物'에 대한 『漢語』의 뜻풀이

　　老物

　　① 指田夫与万物。古代蜡祭的對象。『周礼·春官·籥章』："國祭蜡, 則獻『豳』頌, 擊土鼓, 以息老物。" 鄭玄 注："十二月, 建亥之月也, 求万物而祭之者, 万物助天成歲事, 至此爲其老而勞, 乃祀而老息之, 於是國亦養老焉。" 孫詒讓 正義："案 鄭 意, 盖謂蜡祭即取息老物之義。息, 謂息其勞。老, 謂送其終。息老并指万物言之, 与息民之腊祭, 義取息田夫者小异。然此息老物之義, 当兼采 金 說, 通田夫万物而言。"

　　② 詈詞。用于称老人。『晋書·后妃傳上·宣穆張皇后』："帝嘗臥病, 后往省病。帝曰：'老物可憎, 何煩出也。'后慙志不食, 將自殺, 諸子亦不食。帝惊而致謝, 后乃止。帝退而謂人曰：'老物不足惜, 慮困我好儿耳！'"『遼史·后妃傳·圣宗仁德皇后蕭氏』："耨斤詈后曰：'老物寵亦有旣耶？'"

③ 老人表示謙虛或感慨時的自称。　唐 韓愈『感春』詩之二："豈如
秋霜雖慘冽, 摧落老物誰惜之。" 淸 趙翼『七十自述』詩："豈意
壯怀三不朽, 終成老物四宜休。"

(19)와 (20)를 비교하여 살펴보면 중국어 '老物'를 한국어 '노물'로 영
입하는 과정에 중국어의 대우 관련 의미 ②와 ③은 그대로 받아들였다.
그러나 역사적으로 쓰였던 의미 ①은 받아들이지 않았다. 대신 '노물'이
란 어휘가 한국어에 영입된 후 '낡고 오래된 물건'이란 의미를 새롭게
부여하였다.[11)

다음, 중국어 대우어 중에는 존대대우어과 겸양대우어에 동시에 나
타나는 대우어소들이 일부 있다. 이 같은 대우어소들은 [+높임] 자질을
지닌 동시에 [+낮춤] 자질도 나타낸다. (21)의 '下'와 같은 경우, '위에서
아래로'와 '아래에서 위로'의 방향성에 의해 대우 구별을 해주고 (22)의
'幸'과 같은 경우는 남의 동작에 쓰이는가 자기 동작에 쓰이는가에 따라
'행운'과 '다행'의 의미 구별에 의해 타인대우어인가 자기대우어인가 구
별을 해준다.

(21) 下
① 위로부터 아래로 내려 보낸다는 의미로 [+높임] 자질을 지님
　: 下賁, 下顧, 下降.
② 위치가 아래에 처해 있다는 의미로 [+낮춤] 자질을 지님
　: 下臣, 下忱, 下官, 下怀, 下家, 下情, 下愚, 下走.

---

11) 중국에선 일반적으로 '낡고 오래된 물건'을 '老物件'이라 말한다.

(22) 幸

① 남의 행위를 나타내는 동사 앞에 쓰여 자기로 하여금 행운을 지니게 한다는 의미로 [+높임] 자질을 지님: 幸察, 幸會, 幸臨.

② 자기의 행위를 나타내는 동사 앞에 쓰여 다행으로 행해진다는 의미로 [+겸양] 자질을 지님: 幸得, 幸瞻風采, 幸見.12)

4.5. 소결

이 장에서는 한국어와 중국어의 대우어를 의미관계론적 측면에서 살펴보았다. 주로 유의 관계, 반의 관계, 다의 관계 별로 한·중 대우어들을 대조 분석하였다.

유의 관계에서 한·중 대우어의 공통점은 다음과 같다.

첫째, 타인대우어에서는 삼지적 대립을 이루는 존대대우어, 평대대우어, 하대대우어가 서로 유의 관계를 이루고 자기대우어에서는 이지적 대립을 이루는 평대대우어와 겸양대우어가 유의 관계를 이룬다. 둘째, 궁중 어휘를 대표로 하는 특수어 또는 전문어들이 일상어와 유의 관계를 이룬다.

그러나 두 언어에서의 차이점은 한국어는 고유어계와 한자어계의 구별이 있어 둘 사이에 유의 관계를 이루고 중국어는 이 구별은 없지만 같은 한자라 하더라도 문어체와 구어체의 구별이 있어 이 둘 사이에 유의 관계를 이룬다. 또 중국어의 대우어는 소수민족어의 영향을 받아 고유 중국어와 소수민족 외래어 사이에도 유의 관계를 이룬다. 중국어

---

12) 예 부분은 劉宏麗(2009:146) 참조. 이 예들은 '어휘'가 아닌 '구'인 것이다.

는 표의문자로서 매개의 어소들은 상대적으로 독립적이기에 대우 자질을 나타내는 유표적 어소들도 유의 관계를 나타낸다.

반의 관계에서 한·중 대우어의 공통점은 다음과 같다.

첫째, 대우 자질의 대립을 기준으로 타인대우어에서 존대대우어와 하대대우어가 반의 관계를 이룬다. 존대대우어와 겸양대우어는 서로 다른 대우관계 체계이기에 서로 반의 관계를 이룰 수 없다. 둘째, 성별을 기준으로 '남성' 관련어와 '여성' 관련어가 반의 관계를 이룬다.

다의어가 형성되는 것은 역사적인 요인 혹은 효율성 때문이다. 이는 한국어나 중국어나 다를 바가 없다. 그리고 한·중 대우어의 일부 [+낮춤] 자질을 지닌 대우어들은 자기에게 쓰이는가 남에게 쓰이는가에 따라 타인대우어 또는 자기대우어로의 변화를 가져오기에 따라서 다의성을 띠게 된다.

다의 관계에서 한·중 대우어의 차이점은 한국어 대우어의 일부 한자어는 중국어에서 영입되는 과정에 의미를 일부 누락하거나 새롭게 추가하였다는 것이다. 그리고 중국어의 대우 자질을 지닌 유표적 접두어소 역시 다의성을 나타내고 있다.

제5장 한·중 대우어의 화용적 대조 분석

앞장에서는 한국어와 중국어 대우어의 의미관계를 살펴보았다. 사전에서 어휘 의미관계를 표시함에 있어 또한 자주 주목되는 것이 사용역이다. 사용역이란 다양한 사회 계층이나 집단에 따라 구별해서 사용하는 언어 변이형을 말한다. 시간이나 공간, 화자와 청자의 특성, 다양한 장면에 따른 언어적 현상을 기술할 때 주로 설명의 기제가 된다(도원영 2008:39). 한국어든 중국어든 언어는 사회적 산물인 만큼 사회성을 지니며, 우리가 사용하는 언어는 사회적 변인으로 말미암아 사회 계층, 성별, 친소관계, 시대적 환경 등의 영향을 받는다. 따라서 인간의 언어에는 화용적 어휘 변이형들이 많은 것이다.

어휘들의 이 같은 화용적 변이를 일으키는 주요 요인에 대하여 도원영(2008:43)은 〈표 1〉과 같이 사전 표제어에 대해 일반 부류와 사용역 정보를 시간, 공간, 규범성, 도구, 화청자 관계, 사용 계층과 집단, 태도, 사용 범위, 사용 여부 등 9가지 기준으로 분류하고 있다.[1]

---

1) 안의정·이종희(2005:2-3)에서는 사용역 정보를 사용 범위, 규범성, 지역, 시간, 사용자 집단, 발화 상황, 태도, 화청자 관계 등 8가지로 나누고 있다.

〈표 1〉 사전 표제어의 분류_일반 부류와 사용역

기준	일반 부류	사용역
시간	현재어	신어/이전 말/고어
공간	공통어	방언(지역어)
	남한어	북한어
규범성	표준어	비표준어
도구	보편어	문어/구어
화청자 관계	예사말	높임말/낮춤말
사용 계층과 집단	통용어	계층어
태도	일반어	비어/속어/완곡어/욕설/비유어······
사용 범위	일상어	전문어
사용 여부	현실어	희귀어/사어

이들 9가지 분류 기준을 살펴보면 본고의 연구 대상인 현대 한·중 대우어와 관련되는 것은 화청자 관계는 더 말할 나위 없고 적어도 시간, 도구, 사용계층, 태도, 사용 여부 등 요인들이 있으며,[2] 이 같은 요인들의 사용적 제약을 받게 된다.

이 장에서는 한국어와 중국어 대우어에 영향을 미치는 사용역 정보를 살펴보고 특히 한·중 직업명에서 반영되는 사회적 대우를 중점적으로 대조 분석하고자 한다.

5.1. 한·중 대우어에 영향을 미치는 사용역 정보

한국어와 중국어의 대우어는 내재적 법칙에 의해 구성되었지만 그

---

2) 공간적 기준의 방언, 규범성 기준의 비표준어는 본고의 연구 범위에서 이미 제외되었다.

사용에 있어서는 외부적 요인의 제약을 받는다. 여기서는 대우어의 사용역 정보와 관련된 요인을 기준으로 하나하나 살펴보고자 한다.

5.1.1. 한국어 대우어의 사용역 분석

5.1.1.1. 시간의 제약을 받는 한국어 대우어

한국어의 대우어는 시간을 기준으로 하여 현재어와 그에 대응되는 신어, 이전말, 고어 등이 있다. 이 중 현재어와 신어, 이전말 등은 현대어의 범주인데, 신어는 새롭게 나타난 어휘로서 아직 사회 언어계통에 안정적으로 정착되지 못했기에 전통 사전의 표제어로는 등재되지 않았다. 고어는 한국어 사전들에 보통 '옛말'로 표기되는데 현재의 말과 많이 달라 특별한 상황이 아니면 사용되지 않는다. 예하면 친족 지칭어 '장모'를 옛말로 '가싀엄', '아내'를 옛말로 '갓'이라 하였고 생리 관련어 '감기'를 옛말로 '감긔'라 하였다.

사회 환경의 변화로 현대어들도 부단히 변화를 가져 오는데, 특히 직업명의 변화를 살펴보면, 이전말에서 현재어로 바뀌는 과정에 대우 정도성의 변화도 일어나는 경우가 종종 있다.3) (1)에서 '→'표의 왼쪽 항은 이전 말이고 오른쪽 항은 현재어이다. '간호원, 간호부'에 비해 '간호사'이란 직업명이 상대적으로 더 대우해주는 것이고 '식모, 안내양, 간수' 등에 비해 '가사도우미, 안내원, 교도관' 등 직업명이 더 대우해주

---

3) 안의정·이종희(2005:51-52)는 이전말의 유형을 다섯 가지로 나누었다. 제1유형은 제도적인 용어의 바뀜. 제2유형은 제1유형과 달리 제도적인 바뀜이 아닌, 언중들의 자연스러운 용어 바뀜. 제3유형은 지시 대상이 더 이상 존재하지 않거나 변모한 경우. 제4유형은 이전에 쓰이던 말 중, 일본식 용어를 순화어로 바꿈. 제5유형은 그 밖의 유형.

는 것이다.

    (1) 간호원→간호사.
         간호부→간호사.
         식모→가사도우미.
         안내양→안내원.
         간수→교도관.

이전말과 현재어의 관계가 아니더라도 직업명에는 분명 대우 정도성이 내포되어 있다. (2)①과 같이 '문학'이란 동일 직업에 종사하는 사람이라 할지라도 어떤 직업명으로 지칭하는가에 따라 그 대우 정도성에는 엄연한 차이가 보이고 (2)②와 같이 종사하는 업종에 따라 그 직업명의 대우 정도성도 차이를 보인다. 직업명과 관련된 이 같은 대우 차이성은 직업명을 이루는 직업성 인칭접미사와 밀접한 관계가 있는데이 부분에 관해서는 다음 5.2절에서 구체적으로 살펴보기로 한다.

    (2) ① 문학가-문학자-문학인.
        ② 대장장이-조종사. 인쇄공-정비사. 이발사-회계사.

5.1.1.2. 도구적 제약을 받는 한국어 대우어

한국어의 대우어가 도구적 제약을 받는다고 하는 것은 문어체와 구어체의 구별이 있기 때문이다. 3장에서 대우어의 문체적 양상을 구체적으로 살펴보았는데 공식적인 장소이거나 편지 등 글말에서는 한자어계위주의 문어체 대우어를 많이 사용하고 입말에서는 고유어계 위주의구어체 대우어를 주로 사용한다.

그리고 타인대우어의 존대대우어와 자기대우어의 겸양대우어에는 문어체가 위주이고 타인대우어의 하대대우어는 구어체가 위주이다. 이 역시 대우어가 도구로서 사용되는 장소와 사용하는 대상자의 제약을 받기 때문이다.

5.1.1.3. 화청자 관계의 제약을 받는 한국어 대우어

사람들은 친하면 친할수록 대우표현을 낮추고 관계가 멀면 멀수록 대우표현을 높이는 경향이 있다.

화청자 관계에서 딸이 자신의 친정어머니, 친정아버지를 부를 때는 '엄마', '아빠'로 구어체 평대대우어로 호칭한다. 그러나 며느리의 신분으로 시부모를 부를 때는 '어머님', '아버님'으로 호칭하는데, 친근감을 나타내기 위해 '시어머님', '시아버님'으로는 호칭하지 않더라도 존대 대우의 친족 호칭어로 호칭한다. 아들의 경우도 마찬가지로 자기 어머니, 아버지는 '엄마', '아빠'로 호칭하지만 사위의 신분으로 가시어머니, 가시아버지를 부를 때는 존대 대우로 '장모님', '장인어른'으로 호칭하거나 '어머님', '아버님'으로 호칭한다.

이는 한국의 대학 생활에서도 보아낼 수 있다. 후배가 선배를 부를 때, '선배님'이란 존대대우어보다는 평대 대우의 친족 호칭어 '형', '오빠'를 더 많이 사용하는 것도 대우어 사용에서의 화청자 관계를 보여준다.

5.1.1.4. 사용 계층의 제약을 받는 한국어 대우어

한국어에는 사용 계층 즉 성별과 연령 등에 따라 쓰이는 대우어들이 있다.

성별에 따라 미혼인 젊은 여성을 호칭할 때는 이름 뒤에 '孃'을 붙여 호칭하고 자기보다 나이 어린 남자를 호칭할 때는 이름 뒤에 '君'을 붙여 호칭한다. 그리고 '삼촌댁, 주인댁, 광주댁' 등과 같이 '宅'은 여성에게만 쓰이고 '주인장, 노인장, 춘부장' 등과 같이 '丈'은 남자 어른에게만 쓰인다.

여성과 관련된 대상을 전문적으로 가리키는 여성 전용 한자어 접두어소도 있다. 예를 들면, '芳名, 芳年, 芳齡' 등과 같이 한자어 접두어소 '芳'은 꽃다운 나이의 젊은 여성과 관련된 대상에 쓰인다.

그리고 연령에 따라 남성 노인을 '乃翁, 岳翁, 尊翁, 外翁' 등과 같이 '翁'을 붙여 이르기도 한다.

5.1.1.5. 사용 여부의 제약을 받는 한국어 대우어

사용 여부는 현재에 쓰이는가 아닌가를 기준으로 한 것이다. 일상에서 자주 쓰이는 어휘와 달리 사전에는 표제어로 등재되어도 거의 쓰이지 않아 사어화 되고 있는 어휘들이다.

한국어 대우어 중에 특히 이 같은 사어들이 많다. 현대 사회에서 쓰이지 않고 오직 역사 영화나 드라마들에서나 볼 수 있는 것들이 있는데 예를 들면, (3)①과 같이 봉건시대 임금에게만 쓰이던 궁중어휘들, 임금의 '죽음'을 존대 대우하여 일컬어 '崩御, 崩逝, 上賓, 晏駕'이라 하거나 (3)②와 같이 봉건 관리에 대한 지칭, 이를테면 '官長, 君侯, 대감마님' 등과 같은 것들, 그리고 (3)③과 같이 예전에 부부 사이에 쓰이던 호칭, 이를테면 '낭군님, 낭자' 등과 같은 것들이 있다.

    (3) ① 붕어(崩御), 붕서(崩逝), 상빈(上賓), 안가(晏駕).
       ② 관장(官長), 군후(君侯), 대감(大監)마님.

③ 낭군(郞君)님, 낭자(娘子).

5.1.2. 중국어 대우어의 사용역 분석

5.1.2.1. 시간의 제약을 받는 중국어 대우어

사회 환경의 변화에 따라 중국어 대우어들도 변화를 보인다. 특히 대우를 표현하는 호칭어 신어들이 특징적이다. (4)①의 '同志, 小姐'는 신조어 호칭어는 아니지만 현재에 와서 새롭게 의미가 부여되어 기존의 존대대우어로부터 평대대우어 내지 하대대우어로 전락하였고 (4)②는 기존 어휘 계통에 없던 신조어로서 현재에는 존대 대우를 나타낸다.

(4) ① 同志, 小姐.
　　② 軍嫂, 警嫂.

(4)①의 '同志' 같은 경우, 본래의 의미는 '志同道合'를 가리키는바, 『國語・晋語四』: "同德則同心, 同心則同志"라 하였으니, '同志'란 같은 덕목과 같은 마음을 가진 사람을 일컫는 말임을 알 수 있다(박홍수 2005:148). 후에 20세기 초반에 이르러 중국에서 신민주주의 혁명이 일어나면서 '同志'는 공동의 혁명적 이상을 위해 투쟁하는 사람들이 서로 호칭하는 칭호어로, 아주 신성한 표현으로 자리 잡았다. 오늘날에도 중국 공산당 조직 내에서는 여전히 당원을 친근하게 부르는 호칭으로 쓰인다. 그러나 개혁개방 이후, 대만, 홍콩의 영향으로 '同志'란 칭호에는 동성연애자를 지칭하는 의미가 부여되어 현실 사회에서는 지금에 와서 '同志'란 호칭으로 부르기를 꺼려하는 상황이다. '小姐'란 호칭도 비슷

한 경우이다. '小姐'란 호칭은 옛날에는 대가규수(大家閨秀)에게만 사용되었지만 후에는 젊은 여성을 대우하여 호칭하는 호칭어로 두루 사용되었다. 그러나 개혁개방 이후, '小姐'란 칭호에는 성적 거래를 하는 여성을 폄하하여 이르는 의미가 부여되어 특히 중국 남방의 일부 지역에서는 사용을 꺼리고 있다.

(4)②의 '軍嫂', '警嫂'는 '군인의 부인', '경찰의 부인'을 이르는 말로, 이는 기존에 없던 신조어인 것이다. 중국 전통 관념 속에는 군인, 경찰이 백성을 억압하는 통치자의 도구 역할을 한다하여 비하하는 사상이 바탕이 되었다. 중화인민공화국 창립 이후 군인, 경찰에 대한 백성들의 시선이 좋아지고 그에 대한 대우적 시각이 높아지면서 군인의 아내, 경찰의 아내에게 '아주머니'의 의미로 친족 칭호 '嫂'를 붙여 존대대우어로 사용하였다.

5.1.2.2. 도구적 제약을 받는 중국어 대우어

중국어 대우어는 구어체와 문어체의 구분이 있을 뿐 아니라 사용하는 장소에 따른 문체적 제약도 받는다.

문장의 문체에 따라, 편지 같은 경우에는 문어체 대우어를 주로 많이 사용하고 발표문이나 논문 같은 경우에는 '才疏學淺, 一孔之見, 討教, 不吝賜教' 등과 같이 겸손을 나타내는 자기 대우의 겸양대우어를 많이 사용한다. 그리고 논문에서 필자의 주장을 펼칠 때는 '我認爲……' 대신에 복수형식으로 '我們認爲……'라며 자신에 대한 겸양대우를 표현한다.

그리고 쓰이는 장소에 따라 백화점, 호텔, 레스토랑 등 서비스업에서는 고객에게 '어서 오세요'의 의미로 '歡迎光臨(/惠臨)', '歡迎光顧(/惠

顧)' 등과 같은 존대대우어를 많이 사용하지만 이를 병원이나 장례식장 같은 곳에서 사용하면 적절하지 않은 것이다.

또한 평시 장소와 달리 공식적인 장소에서는 서로 친한 사이일지라도 '先生, –總, 小姐, 女士, 夫人' 등과 같은 타인 대우의 존대대우어를 사용한다.

5.1.2.3. 화청자 관계의 제약을 받는 중국어 대우어

중국어도 한국어와 마찬가지로 관계가 소원할수록 타인 대우의 존대 대우어와 자기 대우의 겸양대우어를 많이 사용하여 상대를 높임 대우 해주고 관계가 친할수록 평대대우어를 많이 사용한다.

처음 만나거나 친하지 않을 경우에는 상대방을 '您'으로 지칭하고 가까운 사이이면 '你'로 지칭하는 등과 같다.

그리고 『漢語』에서는 똑같은 친족 호칭어라 할지라도 사용 대상자가 다름에 따라 다시 말하면 화청자 관계가 다름에 따라 대우 정도성을 달리하고 있다. (5) '奶奶'의 7개 의미항 중 「1」, 「4」, 「5」, 「6」 등은 사어화된 의미로서 현재에는 거의 쓰이지 않고 「7」은 완곡어로 '유방'을 가리키며 현대의 친족 호칭 대우어와 관련된 것은 「2」와 「3」이다. 그러나 「2」와 같이 '祖母', 즉 '친족 할머니'를 호칭할 때는 평대대우어이고 「3」과 같이 할머니 연배의 여성을 호칭할 때는 존대대우어임을 나타낸다. (6)도 마찬가지로 '언니 또는 누나'의 의미인 '姐姐'는 8개 의미항 중 「1」, 「2」, 「3」항이 현대의 친족 호칭 대우어와 관련이 있는데 같은 부모를 둔 손위 여자를 의미하는 「1」은 평대대우어이고 친척 중 동년 배의 손위 여자를 의미하는 「2」도 평대대우어이며, 반면 친척관계가 아닌 나이가 자기와 비슷한 여자를 호칭할 때는 존대대우어로 쓰인다.

(5) 奶奶

「1」 母親.

「2」 祖母.

「3」 尊称祖母輩的婦女.

「4」 對已婚婦女的尊称.

「5」 爲婢仆對女主人的称謂.

「6」 對女子的昵称.

「7」 乳房.

(6) 姐姐

「1」 称呼同父母(或只同父、只同母)而年長于己的女子.

「2」 称呼親戚中同輩而年長于己的女性(不包括可称做嫂子的).

「3」 尊称非親戚關系中年紀与自己相仿的女性.

「4」 旧時偏房称丈夫的正室.

「5」 男子對妻或所狎女子的昵称.

「6」 称妓女.

「7」 称母親.

「8」 父母呼女儿.

5.1.2.4. 사용 계층의 제약을 받는 중국어 대우어

劉宏麗(2001:79)는 여성 화자는 남성에 비해 '높임'을 나타내는 타인 대우의 존대대우어나 자기 대우의 겸양대우어 사용을 즐겨한다고 하였다. 상대방이 자기에게 사용하는 대우표현이 곧바로 자신에 대한 태도라고 인식하고 자신의 대우표현 사용 역시 자체 수양과 관련된다고 생각하기 때문이라 분석하였다.

중국어도 남성과 여성을 호칭하는 대우어는 구별을 보인다. 남성을 존대하여 호칭할 때는 보통 '先生' 또는 '男士', '大哥' 등을 사용하고 여성을 존대하여 호칭할 때는 '女士' 또는 '小姐'를 주로 사용한다. 그리고 '芳名, 芳齡, 芳誕, 芳辰' 등과 같이 여성에게만 전문적으로 쓰이는 여성 전용 대우어도 있다.

5.1.2.5. 사용 여부의 제약을 받는 중국어 대우어

중국어 대우어도 시대 환경의 변화에 따라 궁중어휘, 봉건 관리에 대한 호칭 등이 사어화된 것은 마찬가지이다.

그리고 사회제도의 변화로 인해 더 이상 사용하기 적합하지 않은 어휘들도 있다. '令正' 같은 경우, 옛날에 남의 아내를 높여 부르는 높임말로서, 여기서의 '正'은 '正室'의 의미로서 '偏房', '妾'와 상대되는 것이다. 그러나 오늘의 일부일처제 시대에 '정실'과 '첩'의 구분이 없다보니 남의 아내를 '令正'으로 이르기는 더 이상 적절하지 않다.

5.2. 한·중 직업명에서 반영되는 사회적 대우

언어는 사회적 산물로서 사회적 요인의 제약을 받으며 이를 사회적 대우로 반영하기도 한다. 사회 환경의 변화로 인해 직업명 같은 것들도 변화를 보이는데 특히 이 중에서 대우의 변화가 선명하게 나타난다.

사람이 어떤 직업에 종사하는가에 따라 사람들의 존경을 받는지 안 받는지 결정되는 것은 아니지만 직업명에는 사회적 대우라는 인식이 내포되어 있는 것은 분명한 사실이다.

한국어의 직업명들을 살펴보면 그 속에는 사회적 계층성이 내포됨을 알 수 있다.

사회계층(social stratification)이란 일정한 사회에서 전체 구성원의 불평등을 반영하는 집단 사이의 층위 구조를 뜻한다. 불평등은 소득, 직업, 학력, 경제적·사회적·정치적 권력에 대한 접근 가능성 등에 기초한다. 이러한 요소들은 복잡한 방식으로 상호 작용한다. 사회적 계층은 경제적·정치적·사회적 관계에 의해 구조화되는 계급(class)의 형태를 보인다. 언어는 계급적 차이를 반영하고 이것을 강화하기도 한다(이주행 2007:37).

5.2.1. 한국어 직업명에 반영되는 사회적 계층성

한국어에서 '간호부'를 '간호원'으로 바꿔 부르고 지금에 와서는 또 '간호사'로 바꿔 부른다든지, '가정부'를 '가사도우미'로, '청소부'를 '환경미화원'으로, 이같이 더 전문적이고 순화적인 방식으로 바꾸어 부르는 현상이 나타나는 것은 직업명에 반영되는 사회적 계층성이 역할을 하기 때문이다. 이 같은 계층성은 특히 직업명을 구성하는 인칭접미사에 의해 표현되며 인칭접미사에 의해 계층적 대립을 반영한다.

5.2.1.1. 한국어 직업성 인칭접미사의 계층 분별

한국어는 접사가 발달되고 접사에 의한 파생어도 많다. 그리고 접미사 중 사람 관련 인칭접미사도 그 수가 적지 않은데, 직업명을 이루는 인칭접미사, 다시 말하면 직업성4)을 띤 인칭접미사도 매우 발달되었다. 『표준』, 『고려대』, 『연세』 등을 두루 살펴 다음과 같은 한국어 직업성 인칭접미사들을 뽑았다.

---

4) 여기서 '직업성'이란 "어떤 일을 전문적으로 하거나 그것을 직업으로 하는 것"을 말한다. "어떤 일에서의 역할 또는 직책"과 구별해야 한다. 예를 들면 '문학가, 청소부, 운동원' 등은 직업성 관련 어휘이지만 '은행장, 자금책, 공격수' 등은 "역할 또는 직책"을 나타내는바 본고에서 말하는 직업성 관련 어휘가 아니다.

(7) ① -장이: 간판장이, 구두장이, 대장장이.

② -꾼(군): 고기잡이꾼, 나무꾼, 숯구이군.

③ -家: 건축가, 정치가, 교육가, 만화가, 무용가.

④ -工: 선반공, 수선공, 인쇄공, 정비공.

⑤ -官: 검찰관, 경찰관, 교도관, 군의관.

⑥ -夫: 배달부, 우체부, 잠수부, 잡역부, 청소부.

⑦ -婦: 가정부, 매춘부, 접대부, 청소부, 파출부.

⑧ -士: a. 건축사, 변호사, 설계사, 세무사, 회계사.

　　　　b. 운전사, 비행사, 기관사, 기능사, 정비사, 조종사.

⑨ -師: 간호사, 곡예사, 미용사, 사진사, 요리사, 이발사, 재단사, 조련사.

⑩ -商: 고물상, 노점상, 도매상, 만물상, 미곡상, 보석상, 서적상, 소매상, 수입상, 수출상.

⑪ -手: 나팔수, 무용수, 소방수, 운전수.

⑫ -孃: 안내양, 교환양.

⑬ -員: 경비원, 경호원, 공작원, 공무원, 매표원, 승무원, 심판원, 안내원, 역무원, 연구원, 정보원, 통신원.

⑭ -人: 종교인, 예술인, 연극인, 미술인, 기술인, 기업인, 연예인.

⑮ -者: 수학자, 철학자, 교육자, 법학자.

(7)의 ①과 같은 경우는 '간판, 구두, 대장' 등 수공 기술과 관련된 직종을 나타내는 명사 뒤에 인칭접미사 '-장이'가 붙어 그것과 관련된 기술 일을 하는 사람, '간판장이, 구두장이, 대장장이' 등을 이룬다. '-장이'는 한자어 인칭접미사 '-匠'과 관련되는바 '대장장이'는 '대장匠'으로도 불린다.[5]

---

5) '-장이'를 '-쟁이'로 잘못 일러 '간판쟁이', '대장쟁이'라 하는 경우도 있다. 그러나 인칭접미사 '-쟁이'는 직업성을 띤 것이 아니고 '그러한 속성을 지닌 사람'을 나타낸다. '그림쟁이, 글쟁이, 희극쟁이' 등도 '겁쟁이, 수다쟁이'와 마찬가지로 직업명보다는 속

②와 같은 경우는 '고기잡이, 나무, 숯구이, 정치' 등 직업적인 일을 나타내는 명사 또는 명사성 어근 뒤에 고유어 인칭접미사 '-꾼(군)'을 붙여 그러한 일을 전문적으로 하는 사람, '고기잡이꾼, 나무꾼, 숯구이군, 정치꾼' 등을 이룬다.

③과 같은 경우는 '건축, 정치, 교육, 만화, 무용' 등 전문 직종을 나타내는 명사 뒤에 한자어 인칭접미사 '-家'가 붙어 '건축가, 정치가, 교육가, 만화가, 무용가' 등 전문 직종에 종사하거나 또는 직업으로 하는 사람을 나타낸다.[6]

④와 같은 경우는 '선반, 수선, 인쇄, 정비' 등 기술 관련 직종을 나타내는 명사 뒤에 한자어 인칭접미사 '-工'이 붙어 '선반공, 수선공, 인쇄공, 정비공' 등 기술 관련 직업명을 이룬다.[7]

⑤와 같은 경우는 '검찰, 경찰, 교도' 등 공공행정 업무를 나타내는 명사 뒤에 한자어 인칭접미사 '-官'이 붙어 '검찰관, 경찰관, 교도관' 등 그러한 일을 처리하는 관리, 관료 또는 공직자임을 나타낸다.

⑥과 같은 경우는 '배달, 우체, 청소' 등 어떤 일과 관련된 명사 뒤에 남자를 칭하는 한자어 인칭접미사 '-夫'가 붙어 '배달부, 우체부, 청소부' 등 그러한 일을 하는 남자를 나타낸다.

⑦과 같은 경우는 '매춘, 접대, 청소' 등 어떤 일과 관련된 명사 뒤에

성을 나타낸다.

6) 인칭접미사 '-家'의 경우 모두 네 가지 의미를 지닌다. 직업성을 나타내는 외에 또 다음과 같은 의미를 지닌다. 1) 전문적 행위를 나타내는 일부 명사에 붙어, '그것에 능한 사람'임을 뜻함. 예하면, 웅변가, 전략가, 사교가, 외교가 등. 2) 일부 명사의 뒤에 붙어, '그것을 많이 가진 사람'임을 뜻함. 예하면, 재산가, 자본가, 장서가 등. 3) 일부 명사 뒤에 붙어, '그러한 특성을 지닌 사람'임을 뜻함. 예하면, 노력가, 대식가 등.

7) '견습공, 기능공, 기술공, 숙련공, 수습공' 등의 경우는 직업성을 나타내는 것이 아니고 인칭접미사 '-工' 앞에 종사자 개인의 수준 즉 [+능력] 자질의 어근이 붙어 그 사람의 상태나 정도를 나타낸다.

여자를 칭하는 한자어 인칭접미사 '-婦'가 붙어 '매춘부, 접대부, 청소부' 등 그러한 일을 하는 여자를 나타낸다.

⑧과 같은 경우는 직업성과 관련하여 a와 b 두 가지로 구분하여 볼수 있는데 ⑧a의 경우는 '건축, 변호, 설계, 세무' 등 전문 지식 분야 업무와 관련된 명사 뒤에 한자어 인칭접미사 '-士'가 붙어 '건축사, 변호사, 설계사, 세무사' 등 그러한 일을 전문적으로 하는 공인된 전문가임을 나타낸다. ⑧b의 경우는 '운전, 비행, 정비' 등 전문 기술 분야 업무와 관련된 명사 뒤에 한자어 인칭접미사 '-士'가 붙어 '운전사, 비행사, 정비사' 등 그러한 기술 일을 전문적으로 하는 전문가임을 나타낸다. 이 둘을 분별하기 위하여 한자어 인칭접미사 '-士a', '-士b'로 구분한다.

⑨와 같은 경우는 '간호, 곡예, 미용' 등 직업이나 업무를 나타내는 명사 뒤에 한자어 인칭접미사 '-師'가 붙어 '간호사, 곡예사, 미용사' 등 그러한 일을 전문적으로 하는 사람임을 나타낸다.

⑩과 같은 경우는 '고물, 노점, 도매, 미곡' 등 물품 또는 거래와 관련된 명사 뒤에 한자어 인칭접미사 '-商'이 붙어 '고물상, 노점상, 도매상, 미곡상' 등 상인의 신분을 나타낸다.

⑪과 같은 경우는 '나팔, 무용, 소방' 등 전문 분야와 관련된 명사 뒤에 한자어 인칭접미사 '-手'가 붙어 '나팔수, 무용수, 소방수' 등 그와 관련된 일을 하는 사람임을 나타낸다.

⑫와 같은 경우는 '안내, 교환' 등 어떤 일 또는 동작과 관련된 명사 뒤에 젊은 여성을 칭하는 한자어 인칭접미사 '-孃'이 붙어 '안내양, 교환양' 등 그러한 일을 하는 여성임을 나타낸다.

⑬과 같은 경우는 '경비, 경호, 공무, 연구' 등 어떤 직업이나 업무를 나타내는 명사 뒤에 한자어 인칭접미사 '-員'이 붙어 '경비원, 경호원,

공무원, 연구원' 등 그러한 일을 하는 사람임을 나타낸다.

⑭와 같은 경우는 '종교, 예술, 연극, 미술' 등 직업이나 일을 나타내는 명사 뒤에 한자어 인칭접미사 '–人'이 붙어 그러한 일에 종사하는 사람임을 나타낸다.

⑮와 같은 경우는 '수학, 철학, 교육, 법학' 등 학문이나 전문적인 영역을 나타내는 명사 뒤에 한자어 인칭접미사 '–者'가 붙어 '수학자, 철학자, 교육자, 법학자' 등 그 방면의 일이나 지식에 능통하여 전문적으로 하는 사람임을 나타낸다.

이 같은 직업명들은 어떠한 인칭접미사가 붙는가에 따라 그 사회적 대우, 다시 말하면 사회적 계층성이 결정되는데 이는 직업성 인칭접미사에 대한 의미자질 분석을 통해 판단할 수 있다.

사회 계층이란 유사한 사회적·경제적 특징을 지닌 사람들의 집합체이다. 이것은 교육정도·직업·수입·거주 지역 등에 의하여 결정되며 우리는 일반적으로 상류계층, 중류계층, 하류계층으로 이를 구분한다. 한국어 직업명을 나타내는 직업성 인칭접미사도 이 같은 세 개 계층으로 분류할 수 있다. 사회적 대우에 따라 [+높임] 자질을 나타내면 상위 계층에 속하고 [±높임] 자질, 즉 높이지도 낮추지도 않으면 중간 계층에 속하고 [+낮춤] 자질을 나타내면 하위 계층에 속한다.

직업성 인칭접미사의 사회적 계층성은 전문성, 능력수준 등에서 반영된다. '전문성'이라 하면 [+지식 전문성], [+기술 전문성], [–지식·기술 전문성] 등으로 구분할 수 있고 '능력수준'이라 하면 [+전문가], [–전문가]로 구분할 수 있다. 그리고 개별 인칭접미사에 따라 [+@]의 의미자질을 더 지니기도 한다. 이를 기준으로 한국어 직업성 인칭접미사의 의미자질을 분석해 보면 다음과 같다.

(8) ① -장이: [+사람], [+직업], [+기술 전문성], [+수공 기술].

② -꾼(군): [+사람], [+직업], [-지식·기술 전문성], [+근로자].

③ -家: [+사람], [+직업], [+지식 전문성], [+전문가], [+뛰어남].

④ -工: [+사람], [+직업], [+기술 전문성], [+근로자].

⑤ -官: [+사람], [+직업], [+공직자].

⑥ -夫: [+사람], [+직업], [-지식·기술 전문성], [+근로자], [+남성].

⑦ -婦: [+사람], [+직업], [-지식·기술 전문성], [+근로자], [+여성].

⑧ -士a: [+사람], [+직업], [+지식 전문성], [+전문가], [+자격].

⑨ -士b: [+사람], [+직업], [+기술 전문성], [+전문가], [+자격], [+기계 조작 기술].

⑩ -師: [+사람], [+직업], [+기술 전문성], [+자격], [+손재간].

⑪ -商: [+사람], [+직업], [+상인].

⑫ -手: [+사람], [+직업], [+기술 전문성], [+자격].

⑬ -孃: [+사람], [+직업], [-지식·기술 전문성], [+젊은 여성].

⑭ -員: [+사람], [+직업], [+현장 업무].

⑮ -人: [+사람], [+직업], [+지식 전문성], [-전문가], [+소속].

⑯ -者: [+사람], [+직업], [+지식 전문성], [+전문가].

위 (8)를 다음 〈표 2〉과 같이 정리할 수 있다.

〈표 2〉 한국어 직업성 인칭접미사 의미자질 분석표

직업성 인칭접미사	전문성		능력수준	기타[+@]
	지식전문성	기술전문성	전문가 여부	
-장이	−	+	−	[+수공 기술]
-꾼(군)	−	−	−	[+근로자]
-家	+	−	+	[+뛰어남]
-工	−	+	−	[+근로자]
-官	−	−	−	[+공직자]

-夫	−	−	−	[+근로재[+남성]
-婦	−	−	−	[+근로재[+여성]
-士a	+	−	+	[+자격]
-士b	−	+	−	[+자격][+기계 조작 기술]
-師	−	+	−	[+자격][+손재간
-商	−	−	−	[+상인]
-手	−	+	−	[+자격]
-嬢	−	−	−	[+젊은 여성]
-員	−	−	−	[+현장 업무]
-人	+	−	−	[+소속]
-者	+	−	+	

〈표 2〉에서 한국어 직업성 인칭접미사의 계층 유형을 분별하고자 한다. '전문성'과 '능력수준'을 기준으로, [+지식 전문성]과 [+전문개 두 개의 의미자질을 보유하면 [+높임] 대우로 판단할 수 있다. 즉 '상위 계층에 속하는 직업성 인칭접미사'로 판단 할 수 있다. '-家'는 [+지식 전문성], [+전문개, [+뛰어남 등 자질을 지니기에 '상위 계층을 나타내는 직업성 인칭접미사'로 분류할 수 있고, '-士a'와 '-者' 역시 '상위 계층을 나타내는 직업성 인칭접미사'로 분류할 수 있다. 그리고 [+기술 전문성] 자질을 지닌 외에 추가로 [+@] 자질로 [+자격] 의미자질을 지니게 되면 높이지도 낮추지도 않는 [±높임] 대우로 판단하여 '중간 계층을 나타내는 직업성 인칭접미사'로 분류할 수 있다. '-師'의 경우, [+기술 전문성], [+자격], [+손재간 등 의미자질을 지니기에 '중간 계층을 나타내는 직업성 인칭접미사'로 분류한다. '-士b'와 '-手' 역시 '중간 계층을 나타내는 직업성 인칭접미사'에 속한다. 그리고 [+지식 전문성] 의미자질을 지니면 [−전문개]일지라도 '중간 계층을 나타내는 직업성 인칭접미사'로 인

정할 수 있는데 '-人'이 바로 이에 해당된다. '전문성'과 '능력수준'을 기준으로, [+기술 전문성]일지라도 [+전문가] 또는 [+자격] 자질을 포함하지 않으면 '하위 계층을 나타내는 직업성 인칭접미사'로 분류하는데, '-장이, -工' 등이 있다. [-지식·기술 전문성] 자질을 지닌 것은 당연 '하위 계층을 나타내는 직업성 인칭접미사'로 판단하며 이에는 '-꾼(군), -夫, -婦, -孃' 등이 있다.

그 외 직업성 인칭접미사 '-官', '-商'의 경우는 '전문성' 및 '능력수준' 관련 의미자질은 체현하지 않고 '신분성'을 보여주고 있다. '-員'의 경우도 [+현장 업무]라는 '일의 성질'을 보여 줄 뿐 '전문성' 및 '능력수준'은 체현하지 못한다. 따라서 '-官', '-商', '-員' 등은 앞에 오는 어근에 따라 사회적 대우를 반영하기에 인칭접미사는 중립성을 띤다고 판단한다.

한국어 직업성 인칭접미사의 계층 분별은 다음 (9)와 같이 정리할 수 있다.

9) 한국어 직업성 인칭접미사의 계층 분별
  ① 상위 계층을 나타내는 직업성 인칭접미사: -家, -士a, -者.
  ② 중간 계층을 나타내는 직업성 인칭접미사: -士b, -師, -手, -人.
  ③ 하위 계층을 나타내는 직업성 인칭접미사
    : -장이, -꾼(군), -工, -夫, -婦, -孃.
  ④ 중립성을 띤 직업성 인칭접미사: -官, -商, -員.

5.2.1.2. 한국어 직업성 인칭접미사에서 표현되는 계층 간 대립

앞 절의 의미자질 분석을 기반으로 한국어 직업성 인칭접미사를 '전문성'에 따라 다음 〈표 3〉과 같이 유형을 구분할 수 있다.

<表 3> 한국어 직업성 인칭접미사 유형

유형	직업성 인칭접미사
지식전문성 유형	-家, -士a, -者, -人.
기술전문성 유형	-장이, -工, -士b, -師, -手.
지식·기술 비전문성 유형	-꾼, -夫, -婦, -孃.
신분성 유형	-官, -商, -員.

〈표 3〉의 유형 분류에 따라 같은 유형 내에서의 사회적 계층성의 대립을 살펴보고자 한다.

먼저 '지식전문성 유형' 내에서의 대립 현상을 살펴본다.

'지식전문성 유형' 내에서 상위 계층 인칭접미사에 속하는 것은 '-家'와 '-士a', '-者'이다. '-人'은 중간 계층 인칭접미사에 속한다. 다음 (10)의 용례에서 보다시피 이 같은 직업들은 모두 사회적으로 선호하는 직업이다. 그러나 '-人'은 [+소속] 자질을 통해 "특정 분야 종사자"임을 의미할 뿐 '-家'나 ' 士a', '-者'에 비해 능력수준과 관련하여 [+전문가] 자질이 결핍하기에 상대적인 하위 계층성을 나타낸다.

(10) ① 건축가, 공예가, 교육가, 기업가, 무용가, 문학가.
② 건축사, 변호사, 회계사, 설계사, 세무사.
③ 수학자, 철학자, 교육자, 법학자, 문학자.
④ 종교인, 예술인, 연극인, 미술인, 음악인.

'지식전문성 유형'의 인칭접미사들은 상호 호환이 가능한 양상을 보이고 같은 어근 뒤에 어떤 인칭접미사가 오는가에 따라 그 사회적 계층성을 반영하기도 한다. 예를 들면 '문학가-문학자-문학인'은 '문학'이란 어근 뒤에 '-家, -者, -人'이 모두 붙을 수 있는데, 직업성을 나타내는 동시에 그 계층성도 보여준다. '문학가'는 "문학이란 학문에서 큰 성취를 이룬 존경받을 만한 뛰어난 사람"을 의미하고 '문학자'는 "문학이란 학문에 전문적으로 종사하는 사람"을 의미하며, '문학인'은 "문학이란 분야에 종사하는 사람"임을 의미한다. 다시 말하면, '-家'와 '-者'는 호환이 가능하고 모두 상위 계층 인칭접미사에 속하지만 '-者'는 '-家'에 비해 [+뛰어남] 자질이 결핍하기에 사람들에게 [+높임] 대우가 한 단계 떨어지는 인식을 주어 상대적인 하위 계층성을 나타낸다. 그리고 '법률가-법률인', '변호사-변호인'은 '-士a'와 '-人' 사이에 인칭접미사 호환이 가능하지만 '법률, 변호' 뒤에는 인칭접미사 '-者'가 붙지 못한다. 이에 관해 구체적으로 다음 〈표 4〉, 〈표 5〉에서 '-家, -士a'를 중심으로 인칭 접미사 호환성 여부를 살펴보기로 한다.[8]

〈표 4〉 상위 계층 직업성 인칭접미사 '-家'와의 호환성 여부

-家 용례	-者	-人
건축가	o?	o
공예가	x	o
교육가	o?	o
기업가	x	o
동양화가	x	o
만담가	x	o
만화가	x	o
무용가	x	o
문학가	o	o

---

8) 용례는 고빈도어 사전인 『연세』에 실린 표제어를 정리한 것이다.

미술가	x	o
발명가	o?	o
법률가	x	o
사업가	o?	o
사진가	x	o
서예가	x	o
성악가	x	o
소설가	x	o
수필가	x	o
실업가	x	o
역사가9)	x?	x?
작곡가	o?	o
작명가	x	o
정치가	x	o
조각가	o?	o
종교가	x	o
철학가	o	o
평론가	o?	o

---

9) '역사가'를 '역사를 전문적으로 연구하는 사람'으로 해석할 경우에는 '역사학가'와 동일
시 하여 '문학가, 철학가' 등과 같은 경우이지만, '역사를 잘 아는 역사지식에 능한
사람'으로 해석될 경우에는 직업성 논의에서 제외된다.

〈표 5〉 상위 계층 직업성 인칭접미사 '-士a'와의 호환성 여부

-士a 용례	-者	-人
건축사	o?	o
변호사	o?	o
설계사	o?	o
세무사	x	o
회계사	x	o

위 〈표 4〉, 〈표 5〉에서 '건축가-건축자', '발명가-발명자', '변호사-변호자', '설계사-설계자' 등은 상호 호환이 가능한 것 같지만 '건축자, 발명자, 변호자, 설계자' 등은 직업성을 띤 인칭접미사가 붙어 직업명을 나타내는 것이 아니라 "어떤 일에서 역할을 실행한 사람"을 나타내는바 본고에서 말하고자 하는 직업성 인칭접미사의 범주가 아니다. 따라서 'o?' 표기도 직업성 인칭접미사의 호환으로는 가능하지 않음을 표시한다. '-家', '-士a'과 '-者, -人'의 호환성은 다음과 같은 규칙을 보인다.

첫째, 전문적인 학문·학술을 나타내는 어근 뒤에는 '-家'와 '-者', '-人'이 모두 붙을 수 있다.

(11) {전문적 학문·학술} → -家, -者, -人.
문학가-문학자-문학인   철학가-철학자-철학인

둘째, 전문적인 기술·예술을 나타내는 어근 뒤에는 '-家'와 '-人'이 붙을 수 있다.

(12) {전문적 예술}→-家, -人.

건축가-건축인	공예가-공예인
만화가-만화인	무용가-무용인
미술가-미술인	서예가-서예인
성악가-성악인	조각가-조각인

셋째, 학술적인 연구 분야가 아닌 실천적 분야를 나타내는 어근 뒤에는 '-家'와 '-人'이 붙을 수 있다.

(13) {실천적 분야}→-家, -人.

교육가-교육인	기업가-기업인	만담가-만담인
발명가-발명인	법률가-법률인	사진가-사진인
사업가-사업인	소설가-소설인	수필가-수필인
실업가-실업인	작곡가-작곡인	작명가-작명인
정치가-정치인	종교가-종교인	평론가-평론인

넷째, '-士a'의 경우는 [+소속]의 의미자질을 지닌 '-人'과만 호환할 수 있고 역시 앞에 오는 어근은 연구 분야가 아닌 실천적 분야에 접근한다고 볼 수 있다.

(14) {≈실천적 분야}→-士a, -人.

건축사-건축인	변호사-변호인	설계사-설계인
세무사-세무인	회계사-회계인	

다음 '기술전문성 유형' 내에서의 계층 간 대립을 보기로 한다. '기술전문성 유형'의 직업성 인칭접미사로 '-士b, -師, -手, -工, -장이' 등이

있다.

   (15) ① 기관사, 기능사, 비행사, 운전사, 정비사, 조종사.
       ② 간호사, 곡예사, 마술사, 미싱사, 미용사, 사진사, 요리사, 이발사,
          재단사, 정원사, 조련사.
       ③ 나팔수, 무용수, 소방수, 운전수.
       ④ 벽돌공, 선반공, 수선공, 인쇄공, 정비공.
       ⑤ 간판장이, 구두장이, 대장장이.

  '-士b'는 '-士a'와 달리 '전문기술직'에 쓰이며, 일반적인 기술과는 다른 첨단적인 기계 조작 등과 관련된 '높은 차원'의 기술직에 종사하는 사람임을 시사한다. '운전사, 정비사' 같은 경우는 바로 이 같은 직업명에서 반영되는 사회적 계층성 때문에 사람을 대우해주는 차원에서 '운전수, 정비공'을 계층 상승시킨 것이다. 반대로 '-師'는 '-士b'에 비해 상대적으로 접근하기 쉬운 손재간과 관련된 '낮은 차원'의 기술에 종사하는 사람임을 시사한다. '師'는 본래 [+스승], [+존경]의 의미자질을 지니지만 직업과 관련하여 쓰일 때는 [+스승], [+존경]의 의미자질이 상실되고 [+전문성]만 지니게 된다.[10] 따라서 종사하는 기술의 차원에 따라 '-士b'와 '-師'는 계층적 대립을 보인다. 그러나 '-師'가 직업적인 면이 아닌 정신적인 면에서 쓰일 때는 [+스승], [+존경]의 의미자질을 여전히 보류하고 있다. '마법사, 선교사, 전도사, 주술사' 같은 것들이 바로 그러하다.

  '-手'의 경우, '무용수'는 '무용가'와 계층적 대립을 보이고 '소방수'는

---

10) 김종택(1982:207)에서는 '師'를 정신적이든 기능적이든 전문가라는 뜻 이외에 별다른 존경의 의미가 없는 것이라 하였다.

'소방관'과 계층적 대립을 보인다. '악사(樂士)'가 있는 만큼 '나팔사'도 가능할 것 같고 '운전수'가 일본어의 영향을 받은 어휘이기 하지만 '운전사'로 표준화 한 것을 봐서는 '-手'는 또 '-士b'와 계층적 대립을 이룰 수 있다고 볼 수 있다. 인칭접미사 '-手'는 또 직업과 관련 없이 "어떤 역할을 하는 사람"의 의미로도 쓰이는데, '공격수, 수비수, 유격수, 좌익수, 사격수, 소총수' 등이 그러한 것들이다.

'-工'은 "자신의 육체노동에 의해 소득을 받아 생활하는 노동자"로서 사회적 인식으로는 '하위 계층'에 속한다. 종사하는 기술직도 자격성을 가질 정도까지는 아니고 인칭접미사 '-士b' 또는 '-師'가 붙는 자격성을 띤 기술직 직업보다 육체적 노동에 의거하는 힘든 직업이다. 따라서 직업성 인칭접미사 '-工'은 '-士b', '-師'와 계층적 대립을 보인다. 그 외 '-工'과 관련하여 '견습공, 기능공, 기술공, 숙련공' 등은 직업성이 아닌 종사자 개인의 수준 즉 [+능력] 자질의 어근이 붙어 그 사람의 상태나 정도를 나타낸다.

'-장이'도 '-공'과 마찬가지로 전문 자격을 지닌 '-士b' 또는 '-師'와 계층적 대립을 나타낸다. 대신 인칭접미사 '-장이'는 '-공'에 비해 "수공업적 기술 종사자"임을 강조한다.

그다음 '신분성 유형'에 속하는 '-官'은 '전문성'과 '능력수준'을 기준으로는 '중립성을 띤 인칭접미사'라고 하지만 그 공적인 신분 때문에 '지식·기술 비전문성 유형'에 속하는 '-夫, -婦, -孃, -꾼(군)' 등과 계층 간 대립성을 보여준다. '-官'은 [+공직자] 자질을 지녀 "공공행정 업무를 처리하는 관리, 관료 또는 공직자"라는 신분을 보여주는바, '지식·기술 비전문성 유형'은 '공직자' 계층에 상대하여 '일반인' 계층으로 볼 수 있다.

(16) 검찰관, 경찰관, 교도관, 군의관, 소방관, 외교관.

(17) ① 배달부(夫), 우체부, 잠수부, 잡역부, 청소부.
　　② 가정부(婦), 간호부, 매춘부, 접대부, 청소부, 파출부.
　　③ 교환양, 안내양.
　　④ 나무꾼, 고기잡이꾼.

　동양사회에서는 공직자에 대해 높이 모시는 통상적 관념이 있는 만큼 '-官' 관련 직업들은 [+높임] 의미자질을 지닌 상위 계층에 속한다. 반대로 인칭접미사 '-夫, -婦, -孃, -꾼(군)' 관련 직업들은 [+낮춤] 의미자질을 지닌다.

　단순히 인칭접미사의 의미만을 고려할 때 '-夫'는 [+남성] 의미자질을 지니고 앞에 직업 관련 어근이 붙어 "노동하는 남자"임을 뜻한다. 김종택(1982:210)에서는 "어휘적 의미 「지아비」에서 벗어나 남성 인칭접미사로서 가장 생산적인 어형이라 할 수 있다. 이것은 고유어 '술아비, 의붓아비, 홀아비, 혼수아비' 등에 나타나는 「아비」에 대응하는데, 일반적으로 노역에 종사하는 계층으로서 비하하는 경향이 있다"라고 분석하였다.

　'-婦' 역시 단순히 인칭접미사의 의미만을 고려하면 [+여성] 의미자질만을 지닌다. 그러나 직업과 관련하여 '-婦'의 경우에는 지어 상당히 비하되어 쓰이는 경향이 있다. 김종택(1982:209)은 전통적으로 부녀자들이 사회생활에 참여하는 것을 떳떳하게 여기지 않았을 뿐만 아니라, 그 하는 일 가운데 도덕적으로 용인되지 못하는 일을 성인 여자가 하는 경우가 있기 때문에 직업과 관련되어 쓰일 때는 비하하는 경향이 있다고 하였다. 때문에 사회적으로 '간호부'를 '간호원'으로 호칭하고 현재에 와서는 '간호사'로 호칭하는 계층 상승 현상을 보이고 있다.

'-孃'의 본래 의미는 "미혼 여성을 대접하여 이르는 말"인데 직업과 관련하여 인칭접미사로 쓰일 때는 결혼여부와 관계없이 [+젊은 여성]이라는 의미자질을 지녀 대우한다. 그러나 직업 면에서 여성차별 인식이 있는 만큼 요즘은 '교환양'을 '교환원'으로, '안내양'을 '안내원'으로 바꿔 쓰는 것이다.

'-꾼(군)'은 고유어 인칭접미사로서 직업과 관련해서는 육체노동과 관련된 하층 직종 뒤에 붙는다. 직업 관련이 아닐지라도 "어떤 방면의 일을 능숙하게 잘하거나 습관적으로 하는 사람을 낮잡아 이르는 말"이다. '정치꾼, 도박꾼' 등이 바로 그 예이다.

'-員'과 '-商' 역시 중립적으로 쓰이는 인칭접미사라 할지라도 그 '신분성' 때문에 상대적인 사회적 계층성을 보여주고 있다. '-員'은 [+현장 업무]라는 의미자질을 지니고 있는데[11] 어떠한 현장에서 작업하느냐에 따라 사회적인 내우가 달라진다.

(18) ① 설계원, 회계원, 공무원, 연구원.
　　　② 간호원, 승무원, 정비원, 통신원.
　　　③ 안내원, 청소원, 배달원.

(18)①은 [+지식전문성] 자질을 지닌 직업명들로 전문적인 지식을 지닌 사람이란 것 자체만으로도 사회적인 대우를 받는다. 특히 '공무원', '연구원' 등은 "공공행정 분야에서 실무를 담당하는 사람", "전문 연구 분야에서 실무를 담당하는 사람"으로서 사회적 대우가 상당히 높은 편

---

11) 김용한(1998:136)은 '-員'과 관련하여 업무상 일선 현장에서 종사하는 사람을 지칭하며, [+현장 업무], [+담당자] 자질을 지닌다고 하였다.

이다. '설계원', '회계원' 역시 "전문직 분야에 종사하는 사람"으로서 선호의 대상이지만 '설계사', '회계사'에 비해 [+자격] 자질의 결핍으로 능력수준 면에서 '-士a'보다 한 단계 떨어진다. (18)②는 [+기술전문성] 자질을 지닌 직업명들로 '-士b'에 비해 역시 [+자격] 자질이 결핍하기에 능력 수준 면에서 한 단계 떨어진다는 인식을 주게 된다. 따라서 '간호원'을 '간호사'로, '정비원'을 '정비사'로, '통신원'을 '통신사'로 바꿔 부르는 현상이 나타나게 된 것이다. 또 (18)③은 [-지식·기술 전문성] 자질을 지닌 직업명들인데 '-員'은 중립적인 인칭접미사인 만큼 비하의 의미는 지니지 않는다. 그러나 앞에서 언급하다시피 '-婦', '-孃'은 직업면에서의 여성차별 인식 때문에 [+비하] 자질을 지니고 있어 '-員'이 딸린 직업명은 '-婦' 또는 '-孃'이 딸린 직업명에 비해 대우받는 인식을 주며, 상대적인 사회적 계층성을 반영하고 있다. 현실 생활에서는 직업명이 '간호부-간호원-간호사'의 형식으로 탈바꿈하였을 뿐만 아니라 '가정부-가사도우미', '청소부-환경미화원'과 같이 더 전문적이고 순화적인 표현 형식으로 바뀌고 있다.

'-商'은 [+상인] 자질을 통해 "상인"이라는 신분을 강조한다. 옛날과 같이 '사농공상(士農工商)12)' 시대였으면 당연 [+비하] 자질을 지녔겠지만 현대 자본주의 사회에 들어와서는 상인의 신분이 존경을 받게 되어 계층적 상승을 이루었다고 볼 수 있다.

---

12) 고려와 조선 시대, 직업을 기준으로 가른 신분 계급. 곧 선비, 농부(農夫), 공장(工匠), 상인(商人)의 네 계급을 이른다.

5.2.2. 중국어 직업명에 반영되는 사회적 계층성

중국어 직업명도 사회적 계층성을 나타내기는 마찬가지이다. 여기서는 확실한 대조 분석을 위해 한국어에서 다룬 13개의 한자어 인칭접미사에 대해서만 중국어에서의 직업성을 판별하고 중국어 직업명에서 반영되는 사회적 계층성을 밝히고자 한다.

5.2.2.1. 중국어 직업성 인칭접미어소의 계층 분별

중국어에서 '家, 工, 官, 夫, 婦, 人, 士, 娘, 師, 商, 手, 員, 者' 등 13개의 한자 중 접미사(后綴)로 인정되는 것은 '家' 하나뿐이다. 따라서 중국어에서는 이들을 인칭접미사라 하지 않고 인칭접미어소라 부른다. 그러나 이들이 다른 어소와 조합되어 중국어 직업명을 구성하는 데는 지장이 없다.

다음 중국어 직업명을 살펴보면서 중국어 직업성 인칭섭미어소의 의미자질 분석을 해본다. 이들 인칭접미어소에 대한 『漢語』의 뜻풀이 해석도 살피면서 역시 '전문성'과 '능력수준' 등을 기준으로 계층성 판별을 위한 의미자질 분석을 진행한다.

> (19) ① 家: 科學家, 藝術家, 文學家.
>   {掌握某种專門知識或有丰富實踐經驗及從事某种專門活動的人}
>   [+사람], [+직업], [+지식 전문성], [+전문가], [+뛰어남].
>   ② 工: 染工, 琴工, 石工, 瓦工.
>   {工匠, 工人.}
>   [+사람], [+직업], [+기술 전문성], [+장인(匠人)].
>   ③ 官: 警察官, 檢查官, 消防官.

〔在政府担任職務的人〕

[+사람], [+직업], [+공직자].

④ 夫: 農夫, 轎夫, 三輪車夫.

〔從事某种体力勞動的人〕

[+사람], [+직업], [-지식·기술 전문성], [+체력 노동], [+남성].

⑤ 婦: 桑婦, 絲婦, 農婦.

〔泛指女性〕

[+사람], [+직업], [-지식·기술 전문성], [+체력 노동], [+여성].

⑥ 士: 医士, 護士, 技士.

〔指某些技術人員〕

[+사람], [+직업], [+기술 전문성], [+자격].

⑦ 師a: 律師, 會計師, 審計師.

〔擅長某种技術的人〕

[+사람], [+직업], [+지식 전문성], [+전문가], [+자격].

師b: 理發師, 廚師.

〔擅長某种技術的人〕

[+사람], [+직업], [+기술 전문성], [+자격], [+손재간].

⑧ 商: 建筑商, 皮貨商.

〔商人〕

[+사람], [+직업], [+상인].

⑨ 手: 棋手, 樂手.

〔專司某事或擅長某种技藝的人〕

[+사람], [+직업], [+기술 전문성], [+자격].

⑩ 娘: 蚕娘, 魚娘, 廚娘.

〔對婦女的泛称, 多指少女〕

[+사람], [+직업], [-지식·기술 전문성], [+젊은 여성].

⑪ 員: 教員, 公務員, 消防員, 送貨員.

{工作或學習的人}

[+사람], [+직업], [+현장 업무].

⑫ 人: 軍人, 工人, 商人.

{指某种人}

[+사람], [+직업], [+소속].

⑬ 者: 歷史學者, 天文學者, 法律學者.

{用在名詞動詞形容詞數詞詞組后, 幷与其相結合, 指人, 指事, 指物, 指時等}

[+사람], [+직업], [+지식 전문성], [+전문가].

위 (19)를 다음 〈표 6〉과 같이 정리할 수 있다.

〈표 6〉 중국어 인칭접미어소 의미자질 분석표

직업성 인칭접미사	전문성		능력수준	기타[+@]
	지식전문성	기술전문성	전문가 여부	
家	+		+	[+뛰어남]
工	−	+	−	[+장인(匠人)]
官	−	−	−	[+공직자]
夫	−	−	−	[+체력 노동][+남성]
婦	−	−	−	[+체력 노동][+여성]
士	−	+	−	[+자격]
師a	+	−	+	[+자격]
師b	−	+	−	[+자격][+손재간]
商	−	−	−	[+상인]
手	−	+	−	[+자격]
娘	−	−	−	[+젊은 여성]
員	−	−	−	[+현장 업무]
人	−	−	−	[+소속]
者	+	−	+	

〈표 6〉에서 중국어 직업성 인칭접미사의 계층 유형을 분별하고자 한다. '전문성'과 '능력수준'을 기준으로, [+지식 전문성]과 [+전문개] 두 개의 의미자질을 보유하면 [+높임] 대우로 판단할 수 있다. 즉 '상위 계층에 속하는 직업성 인칭접미사'로 판단한다. 인칭접미어소 '家'는 [+지식 전문성], [+전문개], [+뛰어남] 등 자질을 지니기에 '상위 계층을 나타내는 직업성 인칭접미어소'로 분류할 수 있고, '師a'는 [+지식 전문성], [+전문개], [+자격] 등 자질을 지니기에 '상위 계층을 나타내는 직업성 인칭접미어소', '者'도 [+지식 전문성], [+전문개] 등 자질을 지니기에 '상위 계층을 나타내는 직업성 인칭접미어소'에 속한다. 다음, [+기술 전문성], [+자격] 등 자질을 지니면 높이지도 낮추지도 않는 [±높임] 대우로 판단하여 '중간 계층을 나타내는 직업성 인칭접미어소'로 분류할 수 있다. '士', '師b', '手' 등 중국어 인칭접미어소가 바로 여기에 속한다. 그리고 '전문성'과 '능력수준'을 기준으로, [+자격] 또는 [+전문개] 자질이 없이 오로지 [+기술 전문성] 하나의 의미자질만 지니거나 [-지식·기술 전문성] 자질을 지닌 것은 '하위 계층을 나타내는 직업성 인칭접미어소'로 판단하는데 '工, 夫, 婦, 孃' 등이 바로 그것이다.

그 외 '官, 商, 員, 人' 등은 '전문성'과 '능력수준' 관련 의미자질을 지니지 않고 '신분성'을 나타내는데 이들 중국어 인칭접미어소는 앞에 어떠한 어소가 달리는가에 따라 사회적 대우가 결정된다. 따라서 '官, 商, 員, 人' 등 중국어 인칭접미어소 자체는 중립성을 띤다.

중국어 직업성 인칭접미어소의 계층 분별은 다음 (20)과 같이 정리할 수 있다.

(20) 중국어 직업성 인칭접미어소의 계층 분별

① 상위 계층을 나타내는 직업성 인칭접미사: 家, 師a, 者.

② 중간 계층을 나타내는 직업성 인칭접미사: 士, 師b, 手.

③ 하위 계층을 나타내는 직업성 인칭접미사: 工, 夫, 婦, 娘.

④ 중립성을 띤 직업성 인칭접미사: 官, 商, 員, 人.

5.2.2.2. 중국어 직업성 인칭접미어소에서 표현되는 계층 간 대립

의미자질 분석을 기반으로 중국어도 '전문성'에 따라 다음 〈표 7〉과 같이 중국어 인칭접미어소에 대한 유형 분류를 할 수 있다.

〈표 7〉 중국어 직업성 인칭접미어소 유형

유형	직업성 인칭접미사
지식전문성 유형	家, 師a, 者.
기술전문성 유형	工, 士, 師b, 手.
지식·기술 비전문성 유형	夫, 婦, 娘.
신분성 유형	官, 商, 員, 人.

먼저 지식전문성 유형 내에서의 계층 간 대립을 살펴본다.

중국어 직업성 인칭접미어소 중 지식전문성 유형에 속하는 것은 '家, 師a, 者' 등이다. 이 중 '家'는 인칭접미사 즉 后綴인 만큼 (21)의 ①처럼 앞에는 2음절 어근, 3음절 어근이 자유롭게 붙어 전문 지식분야의 전문가임을 나타낸다. 그러나 '者' 같은 경우는 전문 지식분야를 나타내는 어근 뒤에 단독으로 직접 붙는 것이 아니고 (21)의 ③처럼 '學者' 혹은 '工作者'의 형태로 붙는다. '天文學者, 物理學者'는 역시 전문 학술분야의 전문가임을 나타내지만 '天文學家, 物理學家'에 비해 [+뛰어남] 자질이 부족하다. '科學工作者, 藝術工作者' 등은 '그 분야의 종사자'임을

나타낼 뿐, '科學家, 藝術家'에 비해 [+전문개, [+뛰어남] 자질이 모두 부족하다. 따라서 중국어 인칭접미어소 '者'가 붙는 직업명은 '家'가 붙는 직업명보다 그 사회적 대우가 한층 낮다. '師a' 같은 경우는 (21)의 ②처럼 실천적 지식분야를 나타내는 명사 뒤에 붙어 자격증을 가진 전문직임을 나타낸다. 학술 연구 분야를 나타내는 명사 뒤에 붙는 '家'와 구별된다. 실천적 분야인 '建筑' 뒤에 '師'가 직접 붙어 '建筑師'를 이루지만 '建筑' 뒤에 '家'가 붙으려면 반드시 '建筑學家'로 되어야 한다.

(21) ① 科學家, 藝術家, 天文學家, 物理學家.
② 律師, 會計師, 審計師, 建筑師.
③ 科學工作者, 藝術工作者, 天文學者, 物理學者.

다음 기술전문성 유형에 속하는 중국어 인칭접미어소는 '工, 士, 師b, 手' 등이 있다.

'師b'는 전문직에 붙는 '師a'와 달리 (22)의 ①처럼 주로 손기술과 관련된 직업명에 붙으며 [+자격] 자질을 지닌다. [+자격] 자질을 지니는 인칭접미어소는 '士'가 또 있는데 이는 '師b'보다 전문 교육과 전문 훈련을 거친 한 차원이 높은 기술직에 붙는다. '技師'와 '技士'의 구별에서 그 차이를 충분히 알 수 있는데 '技師'는 '마사지사' 정도를 가리키고 '技士'는 '장비 기술자' 정도를 가리킨다.

(22) ① 理發師, 廚師, 畵師, 技師.
② 医士, 護士, 技士.

'手'가 붙어 형성되는 중국어 직업명은 '棋手, 樂手' 등 몇 개 되지 않는다. '手'가 붙는 직업명은 그 분야의 기예를 갖춘 종사자임을 나타낸다.

'工'의 경우, 중국어에서는 그 기술력보다는 체력 노동에 종사하는 노동자임을 더 강조하는바 사회적 인식으로는 하위계층 직종에 속한다. '士'나 '師b'가 붙는 직업명보다 사회적 대우가 훨씬 낮다.

지식·기술 비전문성 유형에 속하는 중국어 인칭접미어소 '夫, 婦, 娘' 등은 사실 직업성 자질이 그렇게 강하지 않다. (23)과 같이 직업과 관련된 사람임을 나타내지만 중국어에서 직업명으로 쓰일 때는 '農夫, 田夫, 耕夫' 또는 '農婦, 田婦, 耕婦' 대신에 '農民'으로 호칭하고 '蚕娘, 魚娘' 대신에 '蚕農, 魚民'으로 호칭한다. '夫, 婦, 娘' 등 인칭접미어소는 농경 어렵 등 체력 노동과 관련된 직종 뒤에 붙으므로 사회적 인식으로는 하위계층 직종에 속한다. 그러나 한국어와 달리 중국어의 '婦, 娘'은 직업명과 관련하여 여성임을 나타낼 뿐 [+비하] 자질은 지니지 않는다.

(23) ① 農夫, 轎夫, 樵夫, 車夫, 田夫, 屠夫, 漁夫, 耕夫.
　　　② 桑婦, 絲婦, 農婦, 田婦, 漁婦, 樵婦, 耕婦.
　　　③ 蚕娘, 魚娘, 廚娘.

그다음 '신분성 유형'을 나타내는 '官, 商, 員, 人'을 살펴보면, '官'은 그 공직자 신분 때문에 상위계층으로 인식된다.

중국어의 '商'의 경우, '商'이 붙는 직업명은 대체적으로 긍정적인 것이다. '商'을 부정적으로 표현하는 중국어로 '販'이 있기 때문에 '建筑商, 皮貨商, 地産商, 出版商' 등 '商'이 붙는 직업명은 자금력과 두뇌로 소득을 창출하는 것으로 인식되어 체력 노동과 관련된 '工, 夫, 婦, 娘' 등과 대립관계를 이룬다.

중국어에서도 '員'은 [+현장 업뮈 자질 때문에 앞에 어떤 어근이 오는가에 따라 그 사회적 대우가 달라진다.

'人'의 경우, 한국어의 인칭접미사 '-인'과 달리 아주 한정적으로 '軍人, 工人, 商人' 등과 같이 2음절 어휘로 직업명을 나타낸다. 중국어 인칭접미어소 '人'이 붙는 직업명은 그 자체로 직접 사회계층을 나타낸다.

5.2.3. 한·중 한자어 직업성 인칭접미사 대조 분석

한국어 직업성 인칭접미사 중 대부분은 한자어이다. 이들은 중국어에서 받아들인 것이지만 한국어에 정착된 후 한국어 한자어로서의 자체의 특징을 가지게 되었다. 한국어 한자어 직업성 인칭접미사와 중국어 직업성 인칭접미어소를 대조하면 다음과 같은 특징을 보인다.

첫째, 직업성 한자어 인칭접미사에 의해 직업명에서 사회적 계층성이 반영되는 것은 두 언어가 동일하다. 그러나 일부 직업성 인칭접미사의 [+직업성] 의미자질의 강약 정도는 다른 것이 있는데, 중국어는 한국어보다 [+직업성] 자질이 약하다. 특히 중국어의 '夫, 婦, 娘' 등은 직종과 관련된 어근 뒤에 붙지만 실제 생활에서는 직업명으로 쓰이지 않는다.

둘째, 의미 대응관계로 보면 두 언어는 서로 교차적 대응 현상을 보인다. 한국어의 인칭접미사 '-士a'는 중국어의 인칭접미어소 '師a'와 대응되고 반대로 한국어의 '-師'가 붙는 일부 직업명이 중국어의 '士'가 붙는 일부 직업명과 대응된다.

(24) ① 한국어 '-士a': 건축사, 변호사, 설계사

중국어 '師a': 建築師 律師 設計師
② 한국어 '-師': 의사, 간호사.
중국어 '士': 医士, 護士.

셋째, 한국어의 한자어 직업성 인칭접미사에 비해 중국어의 인칭접미어소 앞에 붙는 접속대상은 아주 제한적이다. 이 같은 직업성 인칭접미어소가 한국어에서는 이미 접미사화 되어 파생기능을 갖추었기 때문이다. 예하면, '夫'의 경우, 한국어에서는 '청소부, 배달부' 등이 가능하지만 중국어에서는 이것이 가능하지 못하다. '人'의 경우도, 한국어에서는 '예술인, 미술인, 방송인' 등이 직업명으로 가능하지만 중국어에서는 가능하지 못하다.

전반적으로 한국어는 접미사로 고착되면서 그 직업성이 강화되고 사회적 계층성을 나타내는 쪽으로 크게 파급되었지만 중국어는 이 면에서 한국어에 비해 많이 부족하다.

5.3. 소결

언어는 사회적 산물인 만큼 사회성을 지니며, 우리가 사용하는 언어는 사회적 변인으로 말미암아 사회 계층, 성별, 친소 관계, 시대적 환경 등 외부 요소들의 영향을 받는다.

이 장에서는 화용적 측면으로 한국어와 중국어의 대우어를 살펴보았는데 1절에서는 한·중 대우어에 영향을 미치는 사용역 정보를 살펴보았고 2절에서는 한·중 직업명에 영향을 미치는 사회적 대우를 중점으로, 다시 말하면 직업명에 반영되는 사회적 계층성에 대하여 분석하였다.

한·중 두 언어는 직업성 인칭접미사 또는 직업성 인칭접미어소에 의해 직업명을 나타내는데 이 같은 직업명에서 사회적 계층성이 반영되는 것은 두 언어가 동일하다. 그리고 '전문성'에 따라 분류한 유형 내에서 계층 간 대립 현상도 보이고 있다.

한국어의 직업성 인칭접미사들에 대하여 계층을 분별해 보면 다음과 같다.

> (25) 한국어 직업성 인칭접미사의 계층 분별
>   ① 상위 계층을 나타내는 직업성 인칭접미사: -家, -士a, -者.
>   ② 중간 계층을 나타내는 직업성 인칭접미사: -士b, -師, -手, -人.
>   ③ 하위 계층을 나타내는 직업성 인칭접미사
>   : -장이, -꾼(군), -工, -夫, -婦, -孃.
>   ④ 중립성을 띤 직업성 인칭접미사: -官, -商, -員.

중국어의 직업성 인칭접미어소에 대하여 계층을 분별해 보면 다음과 같다.

> (26) 중국어 직업성 인칭접미어소의 계층 분별
>   ① 상위 계층을 나타내는 직업성 인칭접미사: 家, 師a, 者.
>   ② 중간 계층을 나타내는 직업성 인칭접미사: 士, 師b, 手.
>   ③ 하위 계층을 나타내는 직업성 인칭접미사: 工, 夫, 婦, 娘.
>   ④ 중립성을 띤 직업성 인칭접미사: 官, 商, 員, 人.

한국어의 한자어 직업성 인칭접미사와 중국어의 직업성 인칭접미어소를 대조해보면 일부는 [+직업성] 의미자질의 강약 정도가 다른 것도 있는데, 대체적으로 중국어가 한국어보다 [+직업성] 자질이 약하다. 또 의미 대응관계로 보면 두 언어는 서로 교차적 대응 현상을 보이는데, 한국어의 인칭접미사 '-士a'는 중국어의 인칭접미어소 '師a'와 대응되고 반대로 한국어의 '-師'가 붙는 일부 직업명이 중국어의 '士'가 붙는 일부 직업명과 대응된다. 그리고 한국어의 한자어 직업성 인칭접미사에 비해 중국어의 인칭접미어소 앞에 붙는 접속대상은 아주 제한적이다. 이것은 한국어에서는 이미 접미사화 되어 파생기능을 갖추었기 때문이다.

제6장 결론

　한국과 중국은 예로부터 예의를 중시하는 나라로서 이는 두 나라의 언어에서도 잘 반영된다. 한국어의 가장 중요한 특징 중 하나가 바로 대우법인바 한국어에서 대우법에 대한 연구도 헤아릴 수 없이 많았다. 그러나 이러한 연구들은 대우법의 문법적 범주 위주로 진행되었고 문법적 범주에 비해 어휘적 범주에 대한 연구가 부진했던 것은 사실이다. 이 연구는 대조 방법론으로 한국어와 중국어의 대우법 어휘적 범주 즉, 대우어를 살펴보고 의미·화용적 측면에서 두 언어를 대조 분석하고자 하였다. 한국과 중국의 대표적인 국어사전을 기반으로 연구를 진행하였다.

　본고의 내용을 요약하여 정리하면 다음과 같다.

　2장에서는 그동안 다양하게 쓰여 왔던 대우법 관련 용어들을 정리하고 한국어와 중국어의 대우어 체계에 대하여 비교 검토하였다. 한국어 대우어 체계는 그 논의들에 따라 문법 중심의 체계, 혼합 체계, 어휘-문법 병립 체계로 분류할 수 있는데 이들의 대우법 체계에 대하여 간략히 살펴보았다. 그리고 중국어 대우어 체계는 종래로 어휘적 범주인 敬謙

詞를 둘러싸고 진행되었는데, 중국어에서의 敬謙詞 체계에 대해서도 간략히 살펴보았다.

3장에서는 한국어와 중국어의 대우어를 타인대우어와 자기대우어로 구분하고 이들을 의미별로 각각 살펴보았다. 두 언어의 대우어는 크게는 칭호 관련어, 지시 관련어, 동작 관련어로 분류할 수 있는데 한국어 대우어는 칭호 관련어가 발달되고 중국어 대우어는 동작 관련어가 발달된 양상을 보인다. 대우어는 또한 문어체와 구어체로 분류할 수 있는데 한국어의 문어체 대우어는 한자어계 위주로 이루어지고 구어체 대우어는 고유어계 위주로 이루어졌다. 중국어에서는 구어체 어휘일지라도 한국어에 영입되어서는 문어체 대우어의 역할을 하는 경우가 종종 있고 중국어 대우어가 한국어에 영입되는 과정에 대우 정도성도 변화를 일으켰다.

4장에서는 의미관계론적 측면으로 한·중 두 언어의 대우어를 대조 분석하였다. 방대한 어휘 양을 사랑하는 한·중 두 언어의 대우어는 각자가 뿔뿔이 존재하는 것이 아니라 다양한 연관성을 가지고 밀접한 관계를 이루며 존재한다. 여기서는 유의 관계, 반의 관계, 다의 관계에 따라 이들의 연관성을 살펴보았다.

유의 관계를 살펴보면, 한·중 대우어의 공통점은 타인대우어에서는 삼지적 대립을 이루는 존대대우어, 평대대우어, 하대대우어가 서로 유의 관계를 이루고 자기대우어에서는 이지적 대립을 이루는 평대대우어와 겸양대우어가 유의 관계를 이룬다. 그리고 궁중 어휘를 대표로 하는 특수어 또는 전문어들이 일상어와 유의 관계를 이룬다.

그러나 두 언어에서의 차이점은 한국어는 고유어와 한자어의 구별이 있어 둘 사이에 유의 관계를 이루지만, 중국어는 이 구별이 없는 대신 같은 한자라 하여도 문어체와 구어체의 구별이 있어 문어체 대우어와 구어체 대우어 사이의 유의 관계가 이루어진다. 또 중국어의 대우어는 소수민족어의 영향을 받아 고유 중국어와 소수민족 외래어 사이에도 유의 관계를 이루었다. 그리고 중국어의 유표적 대우 어소들도 유의 관계를 나타내는 것이 적지 않다.

반의 관계를 살펴보면, 한·중 대우어의 공통점은 첫째, 대우 자질의 대립을 기준으로 반의 관계를 이루지만 이는 타인대우어 또는 자기대우어의 구분을 전제로 한다. 둘째, 성별을 기준으로 '남성' 관련어와 '여성' 관련어가 반의 관계를 이룰 수 있다.

다의 관계를 살펴보면, 한·중 대우어에서 다의성이 형성되는 요인은 비슷하다.

그러나 이들의 차이점은 한국어 대우어의 일부 한자어는 중국어에서 영입되는 과정에서 의미를 일부 누락하거나 새롭게 추가하였다는 것이다.

5장에서는 화용론적 측면으로 한·중 두 언어의 대우어를 대조 분석하였다. 언어는 사회적 산물인 만큼 사회성을 지니며, 우리가 사용하는 언어는 사회적 변인으로 말미암아 사회 계층, 성별, 친소 관계, 시대적 환경 등의 영향을 받는다. 여기서는 먼저 사용역으로 인해 한·중 대우어가 받는 제약성을 살피고 다음 직업명을 중점으로 이에 반영되는 사회적 대우를 살펴보았다.

한국어와 중국어에서 직업성 인칭접미사 또는 직업성 인칭접미어소에 의해 표현되는 직업명에는 사회적 계층성이 내포되었다.

한국어의 한자어 직업성 인칭접미사와 중국어의 직업성 인칭접미어소를 대조해본 결과, 일부는 [+직업성] 의미자질의 강약 정도가 다른데,

대체적으로 중국어가 한국어보다 [+직업성] 자질이 약했다. 또 의미 대응관계로 보면 두 언어는 서로 교차적 대응 현상을 보이기도 하였으며, 한국어의 한자어 직업성 인칭접미사에 비해 중국어의 인칭접미어소 앞에 붙는 접속대상이 아주 제한적이다.

6장은 전반 내용을 정리한 결론 부분이다.

참고문헌

한국

강신항(1967), "現代國語의 家族名稱에 대하여", 『대동문화연구』, 성균관대학교 유교문
　　　　화연구소, 김종훈 편(1984)에 재수록, 65-104.
고영근(1974), 『국어접미사의 연구』, 백합출판사.
구현정(2004), "존비어휘화에 나타나는 인지적 양상", 『한국어 의미학』 14, 한국어의미
　　　　학회, 97-120.
권재일(2000), 『한국어 통사론(개정판)』, 민음사.
김근수(1947), 『중학국문법책』, 文敎堂出版社.
김기혁(2008), "한국어 문법 범주와 언어 유형론", 『인문학연구』 13, 경희대학교 인문학
　　　　연구원, 5-25.
김계곤(1996), "축소 접미사에 대한 연구", 『국어학』 34, 국어학회, 109-141.
김광해(1993), 『국어 어휘론 개설』, 집문당.
＿＿＿(1995), 『어휘연구의 실제와 응용』, 집문당.
김민수(1990), 『국어의미론』, 一潮閣.
김승곤(1983), "현대한국어의 존대법 연구", 『겨레어문학』 8, 겨레어문학회, 3-24.
김양진(2002), "한국어 호격명사구와 종결어미에 대하여", 『한국어학』 16, 한국어학회,
　　　　255-283.
＿＿＿(2009), "한자어의 형태 분석과 동음이의 처리", 『형태론』 11권 2호, 형태론, 377-
　　　　405.
김영석·이상억 공저(1997), 『현대형태론』, 학연사.
김종택(1982), 『국어화용론』, 형설출판사.
김종훈(1958), "婦女子의 稱號에 관한 一考", 『중국어문학논집』, 중앙대학교, 김종훈 편
　　　　(1984)에 재수록, 27-38.
＿＿＿(1959), "卑稱에 관한 一考", 『중국어문학논집』, 중앙대학교, 김종훈 편(1984)에
　　　　재수록, 19-26.
＿＿＿(1961), "尊稱에 관한 小考", 『자유문학』, 자유문학자 협회, 김종훈 편(1984)에

재수록, 9-18.

_____(1962), "높임말 '당신'에 대하여", 『한글』, 한글학회, 김종훈 편(1984)에 재수록, 107-117.

_____ 편(1984), 『국어경어법연구』, 집문당.

_____(1994), 『국어어휘론연구』, 한글터.

김주관(1989), "존대말 사용의 이상적 규범과 실제적 변이상: 단기사병의 언어공동체를 중심으로", 서울대학교 석사학위 논문.

김진해(2007), "〈표준국어대사전〉의 관련어 정보와 어휘관계 기반 사전 기술, 『한국어 의미학』 24, 한국어의미학회, 23-50.

_____(2006), "코퍼스언어학적 관점에서 본 의미의 본질", 『한국어 의미학』 21, 한국어 의미학회, 75-104.

김충회(1990), "겸양법, 『국어연구 어디까지 왔나』, 학연사.

김태곤(1984), "朝鮮時代 親戚名稱攷", 『어문논집』 17, 중앙어문학회, 김종훈 편(1984) 에 재수록, 39-64.

김태엽(1999), 『우리말의 높임법 연구』, 대구대학교출판부.

_____(2007), 『한국어 대우법』, 도서출판 역락.

김형규(1975), "국어 경어법 연구, 『동양학』 제5호, 단국대학교 동양학연구소, 29-41.

김혜숙(1986), "현대 국어의 대우법 체계 연구", 동국대학교 박사학위 논문.

남기심·고영근(1985), 『표준 국어문법론』, 탑출판사.

도원영(2008), "국어사전 표제어의 사용역 정보에 대한 고찰", 『우리어문연구』 30, 우리 어문학회, 33-57.

_____·차준경(2009), "〈고려대 한국어대사전〉의 종합적 고찰", 『민족문화연구』 51, 고 려대학교 민족문화연구원, 1-54.

_____(2012), "다의어의 단의 간 역학 관계에 관한 시고", 『한국어 의미학』 37, 한국어 의미학회, 105-133.

박상수(1994), "한국어 존대법의 형태점검", 『현대문법연구』 4, 현대문법학회, 115-139.

박양규(1991), "국어 경어법의 변천", 『새국어생활』 1권3호, 국립국어연구원, 23-39.

박영순(1976), "국어 경어법의 사회언어학적 연구", 『국어국문학』 72/73호, 국어국문학회.

_____(2002), 『외국어로서의 한국어 교육론』, 월인 도서출판.

박종갑(2003), 『국어의미론』, 도서출판 박이정.

박흥수(2005), "사회언어학적 관점에서 본 중국 호칭어의 변화", 『중국학연구』 34, 숙명 여자대학교 중국연구소, 147-168.

서덕현(1996), 『경어법과 국어교육 연구』, 국학자료원.

서정수(1974), "한일 양국어 경어법 비교 연구", 『수도여자사범대논문집』 제5집, 수도여
　　　　자사범대학.

＿＿＿(1977), "주체대우법의 문제점", 『배달말』 2, 배달말학회, 5-22.

＿＿＿(1978), "사회구조변동과 경어법의 추이", 『성곡논총』, 성곡학술문화재단.

＿＿＿(1984), 『존대법 연구』, 한신문화사.

＿＿＿(1996), 『국어문법(수정증보판)』, 한양대학교 출판원.

석용준(1999), "의미장 접근법이 외국어 어휘 기억에 미치는 효과", 『연구논총』 8, 국제
　　　　여성연구소, 111-139.

성기철(1970), "국어존대법연구", 『충북대학교논문집』 제4집, 충북대학교.

＿＿＿(1985), 『現代國語 待遇法 研究』, 開文社.

＿＿＿(1990), "공손법", 『국어연구 어디까지 왔나』, 학연사.

＿＿＿(1991), "국어 경어법의 일반적 특징", 『새국어생활』 1권3호, 국립국어연구원, 2-
　　　　22.

＿＿＿(1996), "현대 한국어 대우법의 특성", 『외국어로서의 한국어교육(구 말)』 21, 연
　　　　세대학교 한국어학당.

손용주(1999), 『국어어휘론 연구방법』, 정각당.

신창순(1962), "현대 국어 존대법의 개설", 『문리대학보』 5, 고려대문리대 학예부.

안귀남(2006), "방언에서의 청자존대법 연구", 『국어학』 47, 국어학회, 449-510.

안병희(1961), "주체겸양법의 접미사 '숩'에 대하여", 『진단학보』 제22집, 진단학회, 김종
　　　　훈 편(1984)에 재수록, 253-277.

＿＿＿(1963), "'ᄌᆞᅵ가語攷'", 『국어국문학』 26, 국어국문학회, 김종훈 편(1984)에 재수록,
　　　　119-128.

＿＿＿(1965), "2人稱 代名詞 '그듸'에 대하여", 『국어국문학』28, 국어국문학회, 김종훈
　　　　편(1984)에 재수록, 129-138.

안의정・이종희(2008), "국어 사전의 사용역 정보에 관한 연구 -중사전을 중심으로-",
　　　　『어문론총』 48, 한국문학언어학회(구 경북어문학회), 27-60.

오미정(2005), "한국어의 존대 어휘 연구", 『한국어학』 27, 학국어학회, 225-248.

왕한석(1986), "국어 청자 존대어 체계의 기술을 위한 방법론적 검토", 『어학연구』 22권
　　　　3호, 서울대학교 언어교육소.

유구상(1970), "主格 '-께서'攷", 『새국어교육』, 한국국어교육학회, 김종훈 편(1984)에 재
　　　　수록, 139-155.

유송영(1994), "국어 청자대우법에서의 힘(Power)과 유대(Solidarity)(1)", 『국어학』 24,
　　　　국어학회, 291-317.

_____(1996), "국어 청자 대우 어미의 교체 사용(switching)과 청자대우법 체계", 고려대 박사학위 논문.

유송영(1998), "국어 호칭 지칭어와 청자 대우 어미의 독립성", 『국어학』 32, 국어학회, 171-200.

_____(2002), ""호칭, 지칭어와 2인칭 대명사"의 사용과 "화자-청자"의 관계/국어 청자 호칭, 지칭어의 사용과 체계(1)", 『한국어학』 15, 한국어학회, 121-141.

_____(2004), "2인칭 대명사 "당신, 자네, 너"의 사용", 『한국어학』 23, 한국어학회, 121-147.

유타니 유키토시(油谷幸利)(1991), "일본인이 본 한국어 경어법", 『새국어생활』 1권 3호, 국립국어연구원, 117-125.

유필재(2000), ""잡숫다'류 동사의 사전 기술", 『서울말연구』 1, 도서출판 박이정, 231-243.

_____(2002), ""뵙다'류 동사의 형태음운론", 『한국문화』 29, 서울대 한국문화연구소, 43-63.

윤용선(2006), "국어 대우법의 통시적 이해", 『국어학』 47, 국어학회, 321-378.

윤평현(2008), 『국어의미론』, 역락 도서출판.

이규창(1992), 『국어존대법론』, 집문당.

이맹성(1975), "한국어종결어미와 대인관계요소의 상관관계에 대한 연구", 『인문과학』 제33-34집, 연세대학교 인문과학 연구소.

이성하(2000), "한국어 지소사의 문법화", 『언어와 언어학』 28, 한국외국어대학 언어연구소.

이숭녕(1961), 『중세국어문법』, 을유문화사.

_____(1964), "경어법 연구", 『진단학보』 25, 진단학회.

이승욱(1973), "국어 경어법의 체계와 변천", 『국어 문법 체계의 사전연구』, 일조각.

이윤하(2001), 『현대 국어의 대우법 연구』, 도서출판 역락.

이익섭(1974), "국어 경어법의 체계화 문제", 『국어학』 2, 국어학회, 39-64.

_____(1986/2008), 『국어학개설』, 學硏社.

_____·임홍빈(1983), 『國語文法論』, 學硏社.

_____·채완(1999), 『국어문법론강의』, 學硏社.

이정민(1982), "한국어 경어체계의 제문제", 『한국인과 한국 문화』, 심설당.

이정복(1992), "경어법 사용에 대한 사회언어학적 연구", 서울대 석사학위 논문.

_____(1998), "상대경어법", 『문법 연구와 자료(이익섭 선생 회갑 기념 논총』, 태학사, 329-357.

_____(2003), "대통령 연설문의 경어법 분석", 『배달말』 33, 배달말학회, 213-237.

_____(2006), "국어 경어법에 대한 사회언어학적 접근", 『국어학』 47, 국어학회, 407-449.

이정희(2003), 『한국어 학습자의 오류 연구』, 도서출판 박이정.

이충우(1994), 『한국어 교육용어휘 연구』, 국학자료원.

이필영(1987), "現代國語의 1·2인칭 표현에 대하여", 『관악어문연구』 12, 서울대 국어국문학과, 209-229.

이해영(2005), 『한국어 학습자의 중간언어 연구』, 커뮤니케이션북스.

_____(2006), "한국어 교육에서의 대우 표현 연구", 『국어학』 47, 국어학회, 509-529.

이희성(2008), "한국어 높임법에 대한 외국인들의 인식 조사 및 역할극을 활용한 교수-학습 전략 연구", 계명대학교 석사학위 논문.

이희승(1949), 『초급국어문법』, 博文書館, 『고등문법』으로 改題 간행 1956.

임동훈(2000), 『한국어 어미 '-시-'의 문법』, 태학사.

_____(2006), "현대국어 경어법의 체계", 『국어학 』47, 국어학회, 287-323.

임지룡(1991), "국어의 기초어휘에 대한 연구", 『국어교육연구』 23, 국어교육학회, 87-132.

_____ 외(2006), 『학교문법과 문법교육』, 도서출판 박이정.

임홍빈(1976/1998), "존대·겸양의 통사 절차에 대하여", 『국어 문법의 심층』 1, 태학사, 143-169.

_____(1983), "존대, 겸양의 통사절차에 대하여", 『문법연구』 제3호, 문법연구회.

_____(1985/1998), "현대의 ㅣ-삽-ㅣ과 예사높임의 '-오'에 대하여", 『국어 문법의 심층』 1, 태학사, 171-229.

_____(1990), "語彙的 待遇와 待遇法 關係의 問題", 『姜信沆敎授回甲紀念 國語學論文集』, 太學社, 705-741.

_____·장소원(1995), 『國語文法論』, 韓國放送通信大學校 出版部.

전재관(1958), "'-습'따위 敬讓詞의 散攷", 『경북대학교 논문집』 2, 경북대학교, 김종훈 편(1984)에 재수록, 217-242.

정열모(1946), 『신편고등국어문법』, 서울, 한글문화사.

조남호(2006), "국어 대우법의 어휘론적 이해", 『국어학』 47, 국어학회, 377-406.

조항범(1989), "국어 어휘론 연구사", 『국어학』 19, 국어학회, 67-201.

조현용(1999), "한국어 어휘의 특징과 어휘교육", 『한국어교육』 10-1, 국제한국어교육학회, 265-281.

_____(2008), "외국인을 위한 한국어 어휘 교재 연구", 『외국어교육연구』 22-1, 한국외국어대학교 외국어교육연구소, 181-202.

최상진(1989), "국어대우법상의 시점분석", 『어문연구』 통권 제64호, 한국어문교육연구회, 422-435.

_____(1993), "화계와 시점", 『어문연구』 통권 제79호, 한국어문교육연구회, 388-398.

_____(1996), "단어의미형성의 유기적 구조론에 대하여", 『어문연구』 통권 제92호, 한

국어문교육연구회, 73-91.

_____(1999), "문장의미 구성요소의 의미관계에 대하여", 『어문연구』 통권 103권, 한국 어문교육연구회, 7-23.

_____(2010), "普通名詞 外延의 意味成分 硏究", 『어문연구』 통권 제148호, 한국어문 교육연구회, 7-34.

_____(2011), "派生接辭 '-이'의 意味成分 分析", 『어문연구』 통권 제152호, 한국어문 교육연구회, 31-56.

최태호(1957), 『중학말본Ⅱ』, 대구, 思潮社.

최현배(1937/1971), 『우리말본』, 정음문화사.

한길(2002), 『현대 우리말의 높임법 연구』, 도서출판 역락.

한동완(1988), "청자 경어법의 형태 원리", 『외국어로서의 한국어교육(구 말)』 13, 연세 대학교 한국어학당.

한정한·도원영(2005), "한국어 동사 의미망 구축을 위한 어휘의미관계 유형", 『한국어학』 28, 한국어학회, 245-268.

허봉자(2008), 『중국어권 학습자를 위한 한국어 경어법 교육 연구』, 도서출판 박이정.

허웅(1954), "국어 존대법 연구, 『성균학보』 1, 성균관대학교.

____(1961/1984), "15세기 국어의 존대법과 그 변천", 김종훈 편(1984)에 재록, 159-216.

____(1975), 『우리 옛말본』, 샘문화사.

홍유표(1985), "조사에 의한 경어법 표시의 변천", 『국어학』 14, 국어학회, 75-98.

홍종선·김양진(2012), "〈고려대 한국어대사전〉(2009) 접사 선정의 기준 - "공시적 분석 가능성"을 중심으로", 『한국어학』 54, 325-359.

황적륜(1976), "국어의 존대법", 『언어』 제1권 제2호, 한국언어학회, 191-200.

靑山秀夫(1969a), "現代朝鮮語の敬語と敬語意識(1)", 『조선학보』 제51호, 조선학회.

_____(1969b), "現代朝鮮語の敬語と敬語意識(2)", 『조선학보』 제53호, 조선학회.

_____(1970), "現代朝鮮語の敬語と敬語意識(3)", 『조선학보』 제57호, 조선학회.

Dallet(1874), 정기수 역(1966), 『조선교회사서론』, 탐구당.

▼ 사전

연세대학교 언어정보개발연구원(1998), 『연세한국어사전』, 두산동아.

국립국어원(1999/2008), 『표준국어대사전』, 두산동아.

고려대학교 민족문화연구원(2009), 『고려대 한국어대사전』, 고려대학교 민족문화연구원.

중국

鮑志伸(1980), "謙詞瑣議", 『語文戰線』, 第12期.

彼得·特拉吉爾(1992), 『社會語言學導論』, 商務印書館.

蔡梅(2006), "'三言'称謂研究", 華東師范大學同等學歷申請碩士學位論文.

常敬宇(1999), "也談称父母的謙辭問題", 『漢語學習』, 第1期.

陳融(1985), "格賴斯的會話含義學說", 『外國語』, 第3期.

陳松岑(2005), 『礼貌語言』, 商務印書館.

陳衛蘭(2005), "解讀謙詞, 敬詞所表達的中國式礼貌", 『秘書之友』, 第9期.

陳霞村(1999), "父母官考", 『語文建設』, 第2期.

陳月明(1992), "現代漢語社交称謂系統及其文化印記", 『漢語學習』, 第2期.

邓岩欣(1994), "漢語主從式礼貌詞初探", 『語文建設』, 第1期.

丁海燕(2004), "『尚書』敬語論", 『濟宁師范專科學校學報』, 第4期.

馮漢驥著·徐志誠譯(1989), 『中國親屬称謂指南』, 上海文藝出版社.

符達維(1995), "'敝人'還是'鄙人'", 『咬文嚼字』, 第3期.

符淮靑(1992), "敬語如何表敬", 『語文建設』, 第1期.

葛本儀主編(1999), 『語言學槪論』(修訂本), 山東大學出版社.

葛克雄(1985), "敬詞·謙詞·敬謙詞", 『道德与文明』, 第2期.

貢如云(2006), "敬詞十族", 『語文學習』, 第9期.

郭錫良等(2002), 『古代漢語』, 商務印書館.

韓慧(1999), "中日語敬語的比較", 『广西師院學報(哲學社會科學版)』, 第1期.

韓在均(2000), "漢韓親屬称謂中敬謙称的對比", 『漢語學習』, 第1期.

何志昌(1998), "'某': 一个特殊的謙詞", 『咬文嚼字』, 第7期.

何自然(1984), "語用學的研究及其在外語教學上的意義", 『現代外語』, 第2, 3, 4期.

_____(1988), 『語用學槪論』, 湖南教育出版社.

洪成玉(1998), "敬詞、謙詞、婉詞槪說", 『首都師范大學學報』, 第5期.

胡明揚(2004), 『漢語礼儀用語及其文化內涵』, 上海辭書出版社.

胡偉(2005), "秦簡人称代詞研究", 湖南師范大學碩士學位論文.

胡勇·雷希(2007), "'區區'語義探源", 『現代語文』, 第1期.

吉常宏(2001a), "称謂詞使用的混亂－正确使用称謂詞之一", 『語文建設』, 第3期.

_____(2001b), "謙称和敬称－正确使用称謂詞之二", 『語文建設』, 第4期.

_____(2001c), "對称和他称－正确使用称謂詞之三", 『語文建設』, 第5期.

_____(2001d), "口頭称謂和書面称謂－正确使用称謂詞之四", 『語文建設』, 第6期.

_____(2001e), "要有歷史發展觀念－正确使用称謂詞之五", 『語文建設』, 第7期.

_____(2001f), "學点歷史文化常識－正确使用称謂詞之六", 『語文建設』, 第8期.

賈嬌燕(2007), 『醒世姻緣傳』中您、家、們考究", 『求索』, 第4期.

蹇照芹(2008), "漢語敬語的初步研究", 天津師范大學碩士學位論文.

姜望琪(2003), 『当代語用學』, 北京大學出版社.

蔣國林(1996), "'忝'字不宜說別人", 『咬文嚼字』, 第11期.

黎琳(2000), "古人的'謙称'", 『語文天地』, 第1期.

李嬋婷(2006), "第二人称敬称選用'您'字表示原因初探", 『張家口職業技術學院學報』, 第4期.

李冬香(2003), "古漢語謙敬称謂詞類的詞性探討", 『广東技術師范學院學報』, 第3期.

李玫瑩(2005), "『三國志』和『世說新語』謙敬語探索", 西南師范大學碩士學位論文.

李敏(2006), "『官場現形記』称謂管窺", 山東大學碩士學位論文.

李明曉(2002), "試析代詞'某'在先秦兩漢時期用法的演變", 『四川師范學院學報(哲學社會科學版)』, 第4期.

李小平(2006), "從『世說新語』看魏晋六朝的謙敬称謂", 『西南科技大學學報(哲學社會科學版)』, 第1期.

連劭名(1999), "關于商代称謂的几个問題", 『殷都學刊』, 第3期.

梁顯雁(2006), "礼貌語言的語用探究", 云南師范大學碩士學位論文.

廖頌擧(2006), "論'愚'謙称", 『現代語文』, 第7期.

劉超班(1999a), "古代漢語表敬語素的特点及其類型", 『湖北師范學院學報(哲學社會科學版)』, 第3期.

_____(1999b), "上古敬語的形成因素", 『北京聯合大學學報』, 第4期.

_____(1999c), "敬語起源的猜想", 『武漢教育學院學報』, 第4期.

劉恭懋(2001), "古代敬讓語", 『武漢教育學院學報』, 第1期.

劉宏麗(2001), 『現代漢語敬謙詞』, 北京語言文化大學出版社.

_____(2007a), "敬謙辭浮沉与文化變遷", 『宁夏社會科學』, 第1期.

_____(2007b), "關注成人敬謙辭運用的得体性", 『中國成人教育』, 第5期.

_____(2009), "明清敬謙語研究", 山東大學博士學位論文.

劉慧文(2007), "謙敬詞一覽", 『高中生之友』, 第3期.

劉敏·尤紹鋒(2003), "『史記』的敬謙詞研究", 『洛陽師范學院學報』, 第3期.

劉叔新(2000), 『漢語描寫詞匯學』, 商務印書館.

劉薇(2006), "漢語擬親屬称謂語的文化內涵", 『楚雄師范學院學報』, 5月期.

劉曉峰(2005), "也說謙詞'愚'的語用問題", 『閱讀与寫作』, 第4期.

陸精康(2000), "'不穀''不佞'及其他", 『咬文嚼字』, 第7期.

羅國忠(1998), "現代中日敬語比較", 『四川外語學院學報』, 第2期.

呂承英(2008), "漢韓礼貌語對比研究", 吉林大學碩士學位論文.

馬宏基·常慶峰(1998), 『称謂語』, 新華出版社.

馬慶株(1996), "敬辭·謙辭和詈辭", 『語言學論輯』, 北京語言學院出版社.

牛莹莹(2005), "中日敬語比較", 『麗水學院學報』, 第4期.

彭國鈞(1998), "表敬詞初探", 『云南師范大學學報(哲學社會科學版)』, 第1期.

彭增安(1998), 『語用·修辭·文化』, 學林出版社.

朴錦海(2007), "漢韓敬語對比研究", 延邊大學碩士學位論文.

錢惠英(2005), "漢語敬謙修辭及其文化影響", 『无錫商業職業技術學院學報』, 第1期.

錢劍夫·符達維·宛噃(1997), "'乃子'用法的正誤", 『咬文嚼字』, 第12期.

秦佳慧(2005), "試論『春秋左傳』中的尊稱和謙稱", 『浙江社會科學』, 第6期.

邱宜家(1985), "古漢語謙敬詞說略", 『語文教學与研究』, 第9期.

阮雯(2001), "東西方交際中'贊辭'与'謙辭'的比較", 『閩江職業大學學報』, 第3期.

沈盧旭(2007), "'笑納'是敬詞", 『咬文嚼字』, 第8期.

時良兵(2006), "敬称'您'的來源", 『長沙大學學報』, 第1期.

宋淑敏(2004), "礼貌語言分析", 黑龍江大學碩士學位論文.

宋曉岩(2005), "『戰國策』中的委婉語研究", 延邊大學碩士學位論文.

粟季雄(1991), "謙称和敬称", 『語文月刊』, 第10期.

孫蕾(2006), "現代漢語中的尊敬義表達手段探微", 『現代語文(語言研究版)』, 第6期.

孙灵侠(2005), "跨文化交际中的语用迁移", 『宿州教育学院学报』, 第2期.

唐穎(2008), "'同志'称謂的源流及其演變原因", 『社會科學戰線』, 第3期.

田希(2005), "談語言得体中的'敬詞謙語'", 『語文天地』, 第21期.

王家宏(2006), "『紅樓夢』称謂語研究", 西南大學碩士學位論文.

王金芳(2000), "論古代謙讓語的特点和分類", 『寒山師范學院學報』, 第3期.

王曉維(2005), "'區區'釋義", 『語文知識』, 第8期.

王澤鵬(1993), "『現代漢語詞典』的敬謙辭", 『辭書研究』, 第3期.

王德春主編(1987), 『修辭學詞典』, 浙江教育出版社.

吳茂萍(2002), "唐代称謂詞研究", 四川大學碩士學位論文.

吳小光(2003), "『戰國策』言語表達的句內考察", 湖南師范大學碩士學位論文.

_____(1995a), "称'兄'道'弟'及其他", 『語文建設』, 第5期.

吳小如(1995b), "長輩對晚輩的謙称", 『語文建設』, 第6期.

伍鐵平(1984), "論漢語中的從儿称謂和有關現象", 『中國語言學報第2期』, 商務印書館.

曉津(1995), "也談'敲人'還是'鄙人'", 『咬文嚼字』, 第5期.

謝朝群(2004), "礼貌的實踐轉向", 福建師范大學博士學位論文.

謝燕琳(2006), "『歧路灯』中的敬謙称謂", 『蘭州交通大學學報(社會科學版)』, 第5期.

徐振礼(1984), "丰富多變的敬称", 『修辭學習』, 第1期.

楊烈雄・楊波(2006), "文言謙称敬称的詞類歸屬", 『學術研究』, 第9期.

楊松波(1998), "中日敬語比較", 『日語知識』, 第2期.

楊應芹(1989), "談談漢語称謂", 『安徽大學學報(哲學社會科學版)』, 第3期.

易洪川(1991), "漢語的礼貌原則与交際文化", 『語文建設』, 第8期.

兪理明(1993), "敬辭'乃'-你的, 我的, 他的?", 『語文建設』, 第5期.

_____(2000), "漢語的謙称'愚'", 『語文建設』, 第2期.

袁金春(2003), "'國語'称代詞研究", 西北師范大學碩士學位論文.

袁庭棟(1994), 『古人称謂漫談』, 中華書局.

袁曉凌(2002), "淺談中日敬語的差异", 『日語知識』, 第6期.

張辰蘭(2008), "謙敬副詞的現代用法", 『現代語文(語言研究版)』, 第1期.

張广飛(1993), "尊称和謙称", 『杭州師范學院學報(自然科學版)』, 第3期.

張覺(1989a), "古漢語中的尊称(上)", 『貴州文史叢刊』, 第2期.

____(1989b), "古漢語中的尊称(中)", 『貴州文史叢刊』, 第3期.

____(1989)c, "古漢語中的尊称(下)", 『貴州文史叢刊』, 第4期.

張晶(1999), "試談漢語中的称謂礼儀", 『佳木斯大學社會科學學報』, 第3期.

張雁(2005), "值得關注的謙詞、敬詞和婉詞-兼評『谦词敬词婉词词典』", 『語文研究』.

張滌華主編(1988), 『漢語語法修辭詞典』, 安徽教育出版社.

趙光(2007), "現代漢語敬辭、謙辭、客气詞語研究", 山東大學碩士學位論文.

趙平安(1998), "'足下'与'馬足下'-尹湾漢簡詞語札記之一", 『語文建設』, 第12期.

趙鐘淑(2008), "中韓現代親屬称謂語研究", 山東大學博士學位論文.

周維維(2006), "漢語標題謙辭規范初探", 曲阜師范大學碩士學位論文.

周曉青(2005), "漢西言語礼貌試析", 上海外國語大學碩士學位論文.

周筱娟(2005), "現代漢語礼貌語言研究", 武漢大學博士學位論文.

朱安義(2006), "古代漢語的敬謙副詞有哪些?", 『湖南教育(教育綜合)』, 第5期.

朱英貴(2006), "漢語謙詞的語用分類和語族分類", 『成都大學學報(社科版)』, 第3期.

佐藤享(2006), "漢日敬語的比較分析", 山東大學碩士學位論文.

彭國躍(2000), 『近代中國語の敬語システム』, 白帝社.

▼ 사전
『現代漢語詞典』(第5版)(2005), 商務印書館.

『漢語大詞典』(1990/2011), 漢語大詞典出版社.

『谦词敬词婉词词典』(2010), 洪成玉編著, 商務印書館.

『敬謙語小詞典』(2002), 溫端政, 溫朔雁, 語文出版社.

『謙辭敬辭詞典』(2005), 朱英貴, 四川辭書出版社.

『親屬称呼詞典』(1988), 鮑海濤, 吉林教育出版社.

부록

부록 1 한국어 타인대우어 어휘목록

[부록 1-1] 한국어 존대대우어 어휘목록

주: '※'표시는 『연세한국어사전』에 등재된 고빈도어임을 나타낸다. 존
대대우어(869-135)는 『표준국어대사전』에서 추출된 총 869개 존대
대우어 중 135개가 고빈도어임을 표시한다.

존대대우어(869-135)					
한자어(684-79)			고유어 (93-41)	혼종어 (90-14)	외래어 (2-1)
家內宅	介弟	高教	가라사대※	客스님	마돈나
加愛	客人	高堂※	가르치심	姑母夫님	(madonna)※
家尊	客衆	高德	가비라선	姑母님	하지(Hāji)
家親※	客中寶體	高覽	간자	姑母할머님	
覺靈	客體※	高慮	감하다	姑母 할아버	
各位	犬公	高論	겨시다	님	
閣下※	卿※	高免	계시다※	高祖할머님	
懇書	瓊章	高名※	곕시다	高祖 할아버	
鑑察	季方兄	高明	고명따님	님	
感患	季氏	高文	나리※	軍隊어른	
講伯	高見※	高門	누님※	男스님	

高配	教囑	貴函	늙으신네	郎君님
古佛	教兄	貴會	님※	內外분※
高批	具壽	金棺	달님※	老마님
高庇	九五之尊	金口	도련님※	老查丈어른
高書	國陵	錦帆	돌아가다	老長중
高說	國太公	今上陛下	드리다※	爐殿스님
高姓	軍神	金玉聲	들다※	老人님
高姓大名	君侯	金枝玉葉※	따님※	媽媽님
高僧※	貴家	急逝※	마나님※	闍梨님
高詠	貴見	棋聖	마님※	宅네※
高屋	貴庚	忌辰	만신	맏兩班
高意	貴稿	記主	말씀※	메湯
高義	貴館	羅睺羅尊者	며느님	母子분
高誼	貴校	蘭章	모시다※	問安드리다
高議	貴國※	南華眞經	바깥어른	伯母님
高著	貴宅	郎君※	반빗하님	伯父님
古典大家	貴廬	娘娘	받잡다※	벼슬兩班
高情	貴名	娘子※	부처님※	別將님
高製	貴命	琅函	분네	別말씀
姑從氏	貴門	來駕	새아기씨	本마나님
高察	貴報	內君	선다님	父母님※
高聽	貴社	來命	손님※	謝過드리다
高評	貴所	來諭	술손님	査頓도령
高風	貴息	老公	스님※	査頓아가씨
高軒	貴臣	老君	스승님※	査頓어른
高話	貴業	老大人	신관※	師母님※
高訓	貴意	老德	아가씨※	謝罪드리다
孔夫子	貴著	老夫人	아기씨※	새宅※
孔聖	貴弟	老佛	아드님※	書房님※
寡婦宅	貴族	老師	아버님※	先生님※
關聖大帝	貴地	老先生	아씨※	叔母님
官長	貴紙	老爺	아우님※	叔父님
官前	貴誌	老人丈※	아주머님	媤아버님※
灌頂大法王子	貴戚	老長/老丈	아침진지	媤어머님※
官行次	貴體	爐殿大師	안부인	媤父母님※
光臨	貴側	老尊	안어른	神靈님
鑛員※	貴便	老體	안으서	室內마님
	貴品	老患※	약하하다	안宅

雷聲大名	大兄	芳吟	어르신네※	兩主분	
茶神	大和尙	芳情	어른※	御史또	
當身※	大孝	芳札	어머님※	女스님	
大覺世尊	大訓	拜別	여보세요※	令監님	
大監※	宅※	配位	여보시게※	令監마님	
大姑母	宅內	伯父丈	염잡수다	영등媽媽	
大君※	德士	百歲之後	오라버니※	外叔母님	
大己	德音	伯氏	오라버니댁	外叔父님	
大唐	道顏	法主	오라버님※	外할머님	
大德	道體	法兄	외따님	外할아버님	
大名	道兄	別監	윗님	員님※	
大明	東宮媽媽	別星媽媽	임금님	姨母님	
臺命	東床/狀/廂	病卒※	자게	姨母夫님	
臺聞	洞眞大師	病患※	자시다※	姨母어머니	
大房	頭上※	寶偈	작은따님	姨母할머니	
大法	等妙覺王	寶戒	작은아버님	姨母할아버지	
大師	老宅	寶眷	작은아씨	작은宅※	
大沙門	媽媽※	寶覃	작은어머님	丈母님	
臺上	萬歲翁	寶齡	작은할머님	丈人어른	
大聖	萬乘之尊	菩薩	작은할아버님	竈王님	
大小宅	妹氏	寶運	잡수다※	從祖母님	
大舜	盟兄	寶利	잡수시다※	從祖父님	
大神	緬奉	寶體	젊으신네	從祖할머님	
大神師	名銜※	寶軸	조카님	從祖할아버님	
大王※	無上尊	寶塔	좆잡다	主公	
大禹	墨寶	寶號	주무시다※	主님※	
大元帥	美愼	卜師	지위	主令	
大院位	閔忠正公	福者※	진지※	主人님	
大恩教主	婆伽婆	本家宅	참말씀	主人마님	
大人	芳契	本宅	큰누님	主人아씨	
大殿媽媽	芳名	本府	큰따님	主人어른	
大帝※	芳命	鳳毛	큰스님	曾祖할머님	
大宗師	芳墨	鳳聲	큰아가씨	曾祖할아버님	
大札	芳書	封堂	큰아버님	진짓床※	
大行	芳身	鳳音	큰어머님	親庭아버님	
大行王	芳顏	父公	큰할머님	親庭어머님	
大行王妃	芳詠	父君	큰할아버님	七星님	
大行者	芳容	夫君※	하님	寢睡하다	

府君※	生庭	聖聞	한배검	큰宅
父老	逝去※	聖師	한얼님	터主大監
夫人※	壻郞	聖上	할머님※	姮娥님
夫子	書聖	聖善	할아버님	兄님※
父執尊長	逝世	聖世	홀아버니	兄嫂님
佛寶	釋迦世尊	聖壽	홀어머니※	
佛天	碩士	聖心		
貢來	先大夫人	姓氏※		
妃氏	先大王	聖諭		
妃殿下	先大人	聖子神孫		
聘宅	宣父	聖宰		
使君	先父君	聖裁		
師君	禪師※	聖朝		
查頓宅	先生※	聖祚		
使道	仙逝	聖廳		
四溟大師	禪室	聖勅		
斯文	先阮丈	聖下		
詞伯	璿源大鄕	姓銜※		
師父※	先祖母	世孫宮		
查夫人	先祖父	世子宮		
查丈	先妻宅	小家		
辥宗	雪山大士	小室宅		
舍宅	聖駕	孫子		
師兄※	聖考	壽※		
詞兄	聖躬	水剌※		
算命先生	聖念	水剌床		
山所※	聖怒	水府釋		
三世神聖	聖斷	水使道		
三神上帝	聖德	秀才※		
三從氏	聖徒	叔父丈		
上※	聖覽	叔氏		
上監※	聖慮	巡使道		
上監媽媽	聖面	昇遐※		
相公	聖母	媤宅※		
喪配	聖謨/聖謩	詩伯		
上仙/上僊	聖夢	詩翁		
上人	聖文	詩宗		
生辰※	聖門	神道		

神色	年齒	玉筆
申子	閻魔法王	阮丈
愼子	獵師	王考丈
愼節	令監※	王大夫人
新宅	令大人	王大人
神兄	英靈※	枉臨
亞卿	令名	王母
阿難尊者	令夫人※	王父
雅號※	令嗣	王上
樂手	令孫	王爵
晏子	令息※	王丈
顔子	令愛※	外家宅
雁行	令姉	外宅
眼患	令弟	容光
安候	令妻	龍光
爺爺	令寵	龍鬚
兩堂	令兄	龍顔※
揚子	英魂	牛公
養庭	叡慮	優詔
兩足尊	叡算	運轉技士
御覽	猊下	猿公
御覽件	玉稿	院閤
御廬	玉根	元曉大師
漁師	玉臺	渭陽丈
御璽	玉輦	六祖大師
御衣襨	玉面	醫伯
魚丈	玉文	醫聖
御丈	玉門	醫王
嚴教	玉步	尼父
業王大監	玉聲	人尊
如理師	玉硯	姻兄
如夫人	玉葉	一代教主
女士	玉韻	立道禪下
女史※	玉音	子
疫神媽媽	玉姿	自家
捐館	玉主	慈姑
年歲※	玉趾	慈堂※
捐世	玉體	姊氏

自在王	尊命	主台
慈尊	尊母	俊兄
慈親	尊貌	中宮媽媽
慈兄	尊門	中宮殿
作故※	尊問	仲父主
將軍※	尊伯母	仲氏
長老※	尊夫人	中興祖
丈人行	尊師	芝眉
再從氏	尊姓	芝字
邸下	尊姓大名	指摘
前	尊疏	至尊
電覽	尊嫂	直覽
前室※	尊叔母	鎭國公
殿下※	尊眼	鎭國伯
節下	尊顏	眞君
正室夫人	尊詠	眞書
程子	尊影	進御
諸氏※	尊媼	眞儀
諸節※	尊翁	執事
諸宅	尊容	妻家宅
祭享	尊意	天門
照臨	尊儀	天眼
祖父丈	尊者	天王※
祖師	尊丈	天宗水雲大 神師
族伯	尊邸	天台大師
足下	尊執	喆兄
尊家	尊體	淸鑑
尊姑	尊宅	淸談
尊公	尊筆	淸覽
尊教	尊銜※	淸聽
尊舅	尊候	淸誨
尊舅姑	宗師※	體候
尊記	從事相	初試
尊堂	從氏	寵招
尊覽	主事※	椿府丈※
尊來	主人宅	春秋※
尊靈	主人丈※	椿萱/春萱
尊老	朱子	

忠武公	韓非子	慧命
親庭宅	韓子	惠送
寢唉	銜字※	惠示
寢睡	閤內	惠投
誕母	閤下	戶星媽媽
誕生※	閤患	畫伯※
誕生日	軒號	畫本
誕生地	顯考	和尚
湯※	賢覽	畫仙
台階	賢慮	畫聖
太古大師	賢妹	華人
台墨	賢命	華箋
太上老君	賢父	患節
太上王	賢夫人	還宅
太上皇	賢壻	患候
太孫宮	玄聖	皇考
太子宮	賢首	皇姑
陛上	賢息	皇伯祖考
陛下※	賢弟	皇叔考
下答	顯朝	皇祖
下諒	賢姪	皇祖考
下臨	賢察	皇祖妣
下命	賢兄	皇華
下書	兄※	孝中
下送	兄嫂氏	厚賜
下託	惠念	後室※
學祖大師	惠諒	薨逝
學兄※	惠慮	

[부록 1-2] 한국어 하대대우어 어휘목록

하대대우어(60 - 13)

한자어(1-0)	고유어(42-12)		혼종어(17-1)	외래어(0-0)
三寸宅	긴소리	아주미	收養아비	
	꼬부랑말	아주비	收養어미	
	녀석※	아줌마※	媤아비	
	놈※	압시	媤아주비	
	늙은것	어미※	媤어미※	
	더수구니	오라범	養아비	
	딸년※	오라비※	養어미	
	머리통※	우비하다	外할미	
	모개기	이손	外할아비	
	받덕쟁이	작은놈	조카子息	
	삼할미	작은아비	親아비	
	쉰네	작은어미	親어미	
	아들놈※	작은할미	親할미	
	아비※	작은할아비	親할아비	
	아이※	匠人바치	主人아줌마	
	아이아범	저손	解産어미	
	아이아비	젖어멈	通辯꾼	
	아이어멈	젖어미		
	아이어미	할미※		
	아재	할아비※		
	아재비	호박데가리		

부록 2 한국어 자기대우어 어휘목록

[부록 2-1] 겸양대우어 어휘목록

겸양대우어(221-27)

한자어(207-17)			고유어 (13-9)	혼종어(1-1)	외래어(0-0)
家眷	陋宅	蓬室	듣잡다	千萬에※	
家屬※	陋巷	負薪之資	말씀※		
家兒	短見	不才	바깥사람		
犬馬	短札	不具	부엌사람		
犬馬之勞	禿筆	鄙見	뵙다※		
犬馬之誠	鈍馬	鄙計	안사람※		
犬馬之心	鈍筆	卑門	안식구※		
犬馬之忠	末席※	卑辭	저희※		
犬馬之齒	妄言多謝	鄙舍	지아비※		
犬效	妄評多謝	鄙詞	지어미※		
輕床	茅舍	鄙願	집사람※		
苦酒	茅屋	備位	집식구		
苦酒一杯	蕪辭	鄙儒	찾아뵙다※		
管見※	蕪草	鄙莊			
狗馬之心	微功	菲才			
眷屬※	微軀	鄙第			
及門生	微力※	鄙族			
箕帚妾	微誠	鄙地			
亂筆	微悉	鄙懷			
駑馬	微才	私門			
老父	微節	舍伯			
駑才	微忠	私心			
奴雛	薄酒	舍弟			
駑下	薄酒山荣	山人			
老漢	薄茶	散人			
陋居	薄饌	書房※			
陋見	薄草	小考※			
陋室	伏幸	笑納			
陋屋※	覆瓿	笑覽			
陋地	蓬門	小論※			

小術	愚兄	賤事			
小臣※	一寸丹心	賤率			
小著	子息※	賤息			
小店	剌草之臣	賤身			
素祭	將種	賤子			
小照	傳遽之臣	淺才			
小誌	粗茶	賤曹			
疏學	粗餐	賤質			
俗客	粗品	淺學菲才			
續貂	粗肴	草廬			
神僕	拙家	草木之臣			
惡札	拙歌	草飯			
野吟	拙見	寸簡			
弱息	拙稿※	寸誠			
餘瀝	拙技	寸心			
女兒※	拙論	寸節			
鉛刀一割	拙謀	寸忠			
蝸廬	拙目	芻議			
寓居	拙舞	兎園冊			
愚見	拙文	片庵			
愚計	拙誠	弊家			
愚稿	拙手段	弊館			
愚女	拙譯	弊校			
愚論	拙影	弊國			
愚妹	拙詠	弊社※			
愚民	拙吟	弊邑			
愚書	拙意	弊店			
愚說	拙字	下官			
愚身	拙作※	下誠			
愚案	拙著※	下情			
愚意	拙策	下懷			
愚弟	拙妻	學窮			
愚察	拙品	寒家			
愚札	拙筆※	寒鄕			
愚妻	採薪之憂	獻芹			
愚草	淺見	荊妻			
愚忠	賤軀	還巢			
愚衷	賤齡	後學			
愚筆	賤名	戲墨			

부록 3 중국어 타인대우어 어휘목록

[부록 3-1] 중국어 존대대우어 어휘목록

주: '※'표시는 『現代漢語辭典』에 등재된 고빈도어임을 나타낸다.

존대대우어(1337-196)

阿爹	拜上	璧謝※	寵眷	賜听
阿闍黎	拜識※	表台	寵昵	賜問
阿父	拜受	伯王	寵命	賜許
阿公※	拜書	伯長	寵念	賜札
阿媽	拜托※	博士	寵攜	賜祝
阿婆※	拜望※	博物學家	寵諭	大賓
阿太	拜慰	財幸	寵招	大伯※
阿翁	拜問	參卿	垂愛※	大德
阿丈	拜意	倉聖	垂問※	大帝
阿主沙里	宝鉢	幨帷	垂詢	大哥※
安人	宝刹※	禪伯	詞友	大工
白虎王	宝地※	禪師※	詞丈	大公祖
拜別	宝方	禪祖	辭林	大官
拜茶	宝号※	車塵	慈父	大官人
拜辭※	宝偈	車塵馬足	慈躬	大館
拜登	宝眷※	車騎	慈獎	大号※
拜讀※	宝鄰	宸造	慈壺	大行皇帝
拜訪※	宝瓶	呈教	慈綸	大行皇后
拜服※	宝山	呈遞※	慈命	大和尚
拜伏	宝算	呈送※	賜垂	大集
拜府	宝王	呈正※	賜夏	大駕※
拜覆	宝宇	呈政	賜顧※	大鑒
拜賀※	宝諭	承局	賜惠	大教
拜候	宝札	程子	賜見	大姐※
拜見※	宝庄	馳望	賜教※	大姐姐
拜具	杯水候	馳仰	賜臨	大舅爺
拜聆	本師	寵答	賜命	大伻
拜領	筆削※	寵訪	賜示	大客
拜納	陛下※	寵顧	賜示	大老爺
拜啓	璧還※	寵誨	賜書	大令

大媽※	道長	恩准	奉迂	傅君
大媒	道丈	二太爺	奉央	干大
大娘※	道尊	二爺	奉邀	高盖
大娘子	得年	法筆	奉迎※	高駕
大人※	德配	法揮	奉贈※	高見※
大人君子	德容	法諱	佛日	高鑒
大嫂※	德音	法師※	佛天	高就※
大嫂子	登受	法書	佛爺※	高居
大少爺	帝傅	法体	夫人※	高鄰
大嬸※	帝君※	法王※	夫子※	高齡※
大師傅※	第下	煩勞※	伏候	高論
大士	電察	煩請※	伏念	高名上姓
大叔※	電天	返錦	伏乞	高情
大舜	電照	范容	伏望	高壽※
大王	電矚	芳翰	伏惟	高听
大翁	店都知	芳緘	福底儿	高文
大仙	殿下※	芳鄰※	撫憲	高聞
大小姐	鼎庇	芳信	斧正※	高問
大小君	鼎賜	房師	府報	高姓
大兄	鼎力※	馮公	府君	高軒過
大雄	鼎札	馮子	府君	高業弟子
大爺※	鼎重	鳳念	府※	高誼
大邑	鼎助	奉拜	府上※	高意
大札	東君	奉別	府主	高喩
大着	東翁	奉達※	府尊	高齋
大旨	杜武庫	奉夏※	俯察※	高旨
大作※	遁仙	奉告※	俯從	高制
待詔	朵云	奉還※	俯鑒	高足※
丹房	恩東	奉候	俯矜	高足弟子
誕辰※	恩公	奉祭	俯就※	高作
誕灵	恩官	奉陪※	俯亮	告茶
道愛	恩官	奉勸※	俯納	告奉
道范	恩力	奉扰	俯念※	告教
道官	恩台	奉商	俯取	告揖
道駕	恩相	奉上	俯允※	告珠玉
道師	恩引	奉送※	父師	歌伯
道兄	恩允	奉托※	附狀	閣老
道蔭	恩主	奉聞	夏示	閣下※

庚伯	貴步	貴鄕	華翰※	佳眷
庚兄	貴處※	貴姓※	華緘	迦老
公府	貴誕	貴恙※	華篇	嘉誨
公公※	貴邸※	貴圍	皇妣	嘉惠
公鑒	貴地※	貴造	皇曾祖	嘉命
公門桃李	貴弟	貴宅	皇地祇	嘉諭
公相	貴府※	貴職	皇姑	嘉詔
公子※	貴干	貴治	皇頉	駕到※
公祖	貴庚※	貴主	皇舅	駕臨※
宮保	貴公	貴子※	皇辟	駕長
恭候	貴官	貴宗	皇尸	艱難玉成
恭候台光	貴号	國父※	皇太妃	鑒徹
恭人	貴号	還璧	皇祖	鑒允
貢書	貴伙	還誨	皇祖妣	將爺
貢元	貴獲	海涵※	皇祖考	講席
姑老爺※	貴价	海量※	黃鐘	降眷
穀下	貴降	函丈	麾下※	降問
古德	貴節	翰長	誨存	降液
鼓老	貴居	行旌	誨函	絳紗
關夫子	貴眷	合正	誨翰	絳帷
關公	貴爵	闔第光臨	誨示	絳帳
關老爺	貴里	闔府※	惠賜	敎墨
官人※	貴忙	賀老	惠存※	節麾
官章	貴門	宏裁	惠函	解元
光伴	貴名	鴻庇	惠貺	介弟
光塵	貴戚	鴻誥	惠臨※	借問※
光顧※	貴親	鴻篇巨着	惠然肯來	借一步
光霽	貴壤	鴻篇鉅制	惠書	借重※
光臨※	貴冗	鴻書	惠音	斤斧
光灵	貴上	鴻題	惠郵	斤削
光容	貴事	鴻蔭	惠允※	斤正
光相	貴室	后土	惠贈※	金棺
光像	貴手	候駕	慧命	金聚
光顏	貴手高抬※	候光※	慧听	金口
光儀	貴屬	候敎※	火者	金面
閫台	貴体	呼王	寄奉	金容
貴本家	貴土	鵠恭	寄貺	錦念
貴表	貴縣	華誕※	佳惠	錦注

謹稟	鈞旨	老佛爺	煉師	六一老
謹諾	鈞座※	老父	亮察	六一翁
京卿	俊兄	老父母	鄰老	六一先生
荊公	開士	老哥	鄰母	龍孫
景青	客官※	老革命	林公	龍王爺
警嫂※	客長	老公祖	臨貢	隆岳
敬告※	空王	老家公	臨顧	隆指
敬賀※	孔圣	老客	麟書	妻公
敬候※	孔宣父	老郎	灵根	錄公
敬礼	寬留	老奶奶※	灵皇	鷥盖
敬頌	寬衣※	老年兄	灵襟	鷥函
敬祝※	寬坐	老年尊	灵丘	鷥降
九言	昆玉	老前輩※	灵蛇	履舃
咎氏	梱公	老人家※	灵圣	馬首
舅太太	刺麻※	老師※	灵寺	脉礼
屨杖	刺馬※	老師父	灵夙之期	峦利
軍門	喇嘛※	老師傅※	灵兆	毛拉※
軍嫂※	來教	老壽星※	灵踪	茂宰
軍爺	來覘	老叔	灵祖	門仞
軍座	來命	老太	鈴下	門下
君※	來諭	老太太※	令愛※	孟叟
君婦	賴蒙	老太爺※	令慈	弥敬
君侯	琅帙	老堂台	令弟	名臣碩老
君家	勞步※	老天爺	令公	名諱
君王	勞動※	老仙長	令合	明府
鈞安	勞累※	老先生	令君	明公
鈞裁	勞尊	老相公	令君	明侯
鈞慈	老八路	老兄※	令梱	明教※
鈞鑒※	老班	老爺爺※	令郎※	明經
鈞眷	老板※	老爺子※	令妹	明上
鈞覽	老伯※	老寅台	令妻	明台
鈞令	老大哥	老院公	令親※	明廷
鈞牌	老大姐	老丈※	令嗣	明問
鈞批	老大娘※	老總※	令堂※	明尹
鈞帖	老大人	老祖	令兄	摩訶至那
鈞听	老大爺※	老祖宗	令正	墨宝※
鈞嚴	老道長	楞伽子	令政	某甫
鈞諭	老爹※	廉守	令尊※	某子

母大人	千秋令節	屈尊駕臨	上公	圣令
母君	千歲※	曲垂	上宮	圣米
奶奶	謙題	曲賜	上老	圣廟
男士※	親駕	曲荷	上人	圣母
尼父	親屈	曲臨	上舍	圣尼
尼圣	秦圣	曲允	上相	圣人※
尼師	青覽	辇公	上姓	圣上
你老	卿子	仁弟※	上院	圣手
你那	清塵	仁公	尚父	圣問
你儜	清貫	仁姑	少君	圣像
年伯	清誨	仁皇	少奶奶	圣詔
臬憲	清鑒	仁君	少爺※	圣主
您家	清教	仁圣	邵父	圣祖
您老	清慮	仁王	社翁	胜士
農父	清卿	仁兄※	神筆	盛從
耨幹	清神	仁宇	神父	盛德
女公子※	清胜	仁者	神公	盛府
女史※	清睡	任君	神規	盛价
女士※	清听	榮光※	神柩	師臣
女主人	清顏	榮翰	神君	師父※
牌頭	清恙	榮行	神圣	師傅※
潘翁	請發	榮譽軍人	神先	師母
陪奉	請行	肉身菩薩	神相	師尚父
配德	請見	如嫂	神堯	師太
捧讀	請酒	儒林丈人	神爺	師相
披云	請脉	儒仙	神禹	師兄
聘君	請問※	辱臨	神岳	師丈
坡公	請正	嫂夫人※	哂納※	師尊
坡老	請政	山斗	嬸太太	詩公
婆婆※	請止	山長	生公	詩老
棋圣	慶旦	商祺	圣策	詩翁
啓煩	慶賫	賞假	圣朝	施貺
啓請	慶緒	賞收	圣宸	施主
起動	慶削	賞刑	圣父	十八高賢
綺注	慶裔	上報	圣皇	識荊※
契丈	屈駕※	上裁	圣教	史君
千金※	屈臨	上刹	圣君	使君
千秋※	屈尊	上輔	圣灵	示及

世翁	台嚴	王老	武圣	賢侯
世先生	台顏	王孫	武師※	賢家
世雄	台馭	王爺※	西賓	賢梱
世尊	台照	枉步	西席	賢灵
侍面	台座	枉訪	娛馳	賢每
釋迦牟尼	太保	枉顧※	犀表	賢妹
手誨	太妃	枉記	犀軒	賢內助
手命	太夫人	枉駕※	膝下	賢女
手示	太公	枉教	席下	賢配
壽母	太后	枉臨	下賁	賢契※
壽翁	太老爺	枉沐	下顧	賢親
書友	太婆	枉問	下降	賢甥
叔待	太仆	枉語	仙姑	賢室
淑弟	太上老君	猥煩	仙官	賢叔
淑帨	太守	位下	仙駕	賢孫
司傅	太太※	溫綸	仙客	賢息
司公	太尉	溫諭	仙圣	賢仲
司務	太爺	溫旨	仙師	賢竹林
晬表	太医	文標	仙翁	賢姊
孫少奶奶	太尊	文伯	仙長	賢尊
孫少爺	潭府	文從	先輩)	弦師
損惠	檀府	文旌	先府君	顯朝
損辱	檀林	文考	先公	縣父母
台安	堂老	文郎	先烈※	縣尊
台端	堂翁	文斾	先卿	憲斷
台甫	堂尊	文体	先圣先師	憲駕
台光	提控	文章伯	先哲	憲台
台翰	提台	文丈	賢輩	憲听
台候	体素	文宗	賢妣	憲檄
台諱	天朝	翁甫	賢從	憲意
台駕※	天父	翁媽	賢弟	獻茶
台墾※	天可汗	翁長	賢東	獻詞
台覽	天明	烏号	賢度	鄉翁
台命	天尊※	无任	賢藩	鄉先生
台屏	庭右	吾公	賢夫	鄉兄
台啓	万歲爺	吾兄	賢府	鄉丈
台下	王父	吳子	賢歌	鄉尊
台銜	王考	五父	賢合	相父

相公※	雅情	玉面	展奉	仲父
相國	雅屬	玉容	展觀	仲子
相君	雅体	玉色	展謁	州牧
庠老	雅望	玉山先生	展詣	朱子
享年※	雅業	玉聲	張老樂	諸君
小大哥	雅意	玉手	長君	諸位※
小范老子	雅正※	玉体※	長郎	主父
小夫人	雅旨	玉像	長老	主公
小哥	雅篆	玉言	長兄	主君
小姐	雅奏	玉顏	長者	主人公
小郎	亞婆	玉音※	丈人※	主人母
小郎君	嚴命	玉札	丈人行	塵教
小舍人	嚴尊	玉展	丈丈	佇聞
小相	養爺	玉照※	杖屨	卓犖
新先輩	瑤札	玉旨	哲儲	子大夫
星駕	爺們	玉趾	哲舅	自在王
幸察	爺台	玉座	哲昆	宗父
幸會	伊公	瞀井翁	哲嗣	宗老
幸臨	伊瑪目	淵圣	哲兄	宗卿師
兄台	医官	遠辱	貞模圣表	宗爺爺
兄長※	姨太太	院公	貞母	宗丈
須菩提	移玉	院台	貞人	宗主爺
虛左	邑君	院長	珍貺	總爺
軒裳	音誨	月波	眞君	足下※
宣父	姻丈	月王	震男	祖君
削正	寅台	云駕	征君	祖台
學兄	寅兄	云錦字	政躬	祖爺爺
學長	寅丈	宰公	芝眉	祖宗
郇箋	英魂	宰君	芝宇	晬容
押衙	瀛眷	再拜	侄少爺	醉圣
雅愛	瀛仙	在上	至公	尊閤
雅抱	有志之士	在天之灵※	至訓	尊便
雅号※	迂步	造府	志公	尊齒
雅鑒	紆駕	贈公	制府	尊慈
雅教	俞音	齋長	制台	尊賜
雅貺	宇蔭	宅家	致政大夫	尊大君
雅論	羽君	宅上	冢弟	尊大人
雅命	玉貌	瞻韓	冢君	尊閫

尊范	尊華	尊命	尊威	尊造
尊夫人	尊駕※	尊前	尊姓	尊章
尊甫	尊經	尊親	尊姓大名※	尊長
尊府※	尊君	尊人	尊兄	尊正
尊閣	尊梱	尊嫂	尊宿	座前
尊庚	尊壺	尊上	尊萱	座師
尊公	尊累	尊師	尊顏	座下
尊官	尊臨	尊壽	尊儀	
尊侯	尊門	尊台	尊意	
尊候	尊名	尊堂	尊寅	

[부록 3-2] 하대대우어 어휘목록

하대대우어(212-7)

阿物儿	畜民	二婚頭※	黃頭奴	流賊
白虜	蠢殷	發逆	潢池盜弄	樓儿
白賊	醋大※	放諸四夷	潢池弄兵	虜使
北虜	村錢	粉骷髏	昏逆	祿鬼
兵子	韃虜	蜂窠蟻穴	貨頭	驢王
伧輩	韃妖	福建子	賤物	綠帽子
伧楚	呆漢	甘妖	鮫奴	蛮狄
伧父	璩堅	狗馬疾	脚下人	蛮猓
伧人	刀筆賈堅	狗腿差	教書匠※	蛮會
伧子	德性	鬼兵	撅堅小人	蛮獠
草木愚夫	敵虜	鬼奴	苦胎	蛮虜
草賊	敵虜	行行子	髡奴	蛮奴
挿子	東洋鬼	豪賊	髡牝	蛮猺
虫使	洞獠	黑鬼	髡囚	蛮族
仇賊	洞蛮	黑奴	髡徒	毛鴉頭
雠賊	洞猺	胡雛	爛眼邊	毛賊
丑党	賭鬼	胡儿	老梆子	煤黑子
丑羯	蛾斗	胡妖	老措大	末法
丑虜	蛾賊	猾虜	老鴰翎	末工
丑裔	爾汝	猾堅	老毛子	牧奴
臭老九	二鬼子	宦孽	兩脚貨	泥脚杆

泥腿	戈丑	酸傸	吳儿	鹽呆子
逆雛	戎虜	索虜	吳子	閻羅妖
逆虜	孺子	索頭	鼯猱	妖童
逆夷	乳臭儿	瑣眇	五坊小儿	一把子
娘儿們※	乳臭小子	貪堅	奚奴	一錢漢
尿胞种子	乳臭子	田舍子	戲子※	蟻民
弄捕潢池	辱子	佟夷	孅儿	蟻賊
袍皮老	三狗	禿奴	鄉賤	愚民
陪錢貨	騷達奴	屠儿	鄉下佬	越貊
虮蜉	騷奴	屠沽儿	鄉愚	雜虜
騙賊	山猺	土包子	小癟三	雜种
齊儿	膻腥	土番	小丑	賊禿
乞胡	生獠	土寇	小儿	賊徒
乞婆	生蛮	土人	小鬼	种孽
秦長脚	鼪鼯	土賊	小劫	猪王
窮棒子	使鬼錢	豚犬	小老爺	主儿
窮癟醋	蜀子	玩意儿	小孾	庄奴
窮厮	鼠盜	望火馬	小堅	貲虜
窮小子	鼠賊	文攤	凶丑	醉鬼※
犬戎	堅刁	文妖	衙蠹	
犬羊	堅子※	倭奴	閹儿	
群儿	誰家子	无名小輩	閹堅	

부록 4 중국어 자기대우어 어휘목록

[부록 4-1] 겸양대우어 어휘목록

겸양대우어(665 - 62)				
鄙謬	簸之揚之	草廬	樗櫟庸材	德薄才疏
鄙軀	糠秕在前	草茅之產	樗散	德薄任重
鄙人※	不才※	草木愚夫	芻蕘※	東抹西涂
鄙識	不揣※	草酌	芻蕘之言※	斗胆※
鄙土	不德	草字※	芻議※	斗舍
鄙心	不敢	側陋	畜耳	犢廬
鄙言	不敢當※	側聞	畜眼	短筆
鄙意※	不穀	曾臣	吹求	短策
鄙迂	不谷	朝末	粗酒	短怀
鄙愿	不慧	臣妾	村眉	短拙
鄙旨	不吝珠玉※	塵觸	村信	惡詩
鄙子	不祿	塵瀆	寸禀	惡札
敝房	不佞※	塵穢	寸函	乏善足陳
敝賦	不弃草昧	塵渴	寸箋	凡走
敝國	不腆	塵覽	錯愛	非材
敝甲	不腆之儀	塵冒	大老粗	非服
敝廬	不文	塵忝	待罪	非据
敝人※	不武	塵听	怠慢※	菲誠
敝邑	不庄	塵濁	丹愚	菲敬
弊賦	布達	承教	当不起	菲陋
弊居	才乏兼人	痴頑	叨厠	菲什
弊邑	材薄質衰	痴長	叨第	菲儀
弊止	材輕德薄	遲想	叨冒	菲酌
弊帚	材疏志大	齒髮	叨陪	匪嗣
避讓賢路	材朽行穢	叱名	叨陪末座	葑菲
邊見	采葑	冲人	叨辱	葑菲之采
鞭駑策蹇	殘軀	充賦	叨在知己	奉塵
賓末	慚感	充列	盜剽	荸末
病守	草鄙	充數	盜取	斧琢
博笑	草腹菜腸	樗丑	盜幸	腐飯
簸惡	草料	樗櫟散材	道微德薄	腐酒

負薪	寒家	賤房	僭言	陋軀
負薪之憂	寒賤	賤夫	僭易	陋身
負暄之獻	寒荊	賤俘	僭坐	陋生
負檐	寒居	賤庚	降名	陋制
附驥尾	寒門※	賤躬	醬蒙	盧前
盖醬	寒舍※	賤号	荊布	卵息
敢布腹心	寒廬	賤迹	荊婦	亂道
高獎	寒族	賤降	荊妻	馬齒
告罪※	衡廬	賤荊	荊人	馬齒徒增※
功薄蟬翼	后學※	賤累	荊室	馬齒徒長
狗馬病	畫蚓涂鴉	賤名	景升豚犬	馬走
狗馬心	荒居	賤命	敬陳管見	謾荒
孤耿	荒署	賤內	鳩拙	盲瞽之言
瞽辭	昏鈍	賤奴	眷侍教	茅舍
瞽見	獲厠	賤品	硁硁之見※	冒瀆
瞽論	箕帚女	賤妾	硁硁之愚	冒踐
瞽說	箕帚之使	賤軀	空薄	冒昧※
瞽言	箕帚妾	賤日	枯筆	冒賞
瞽議	箕帚之使	賤身	枯腐	浼瀆
瞽語	家慈※	賤生	狂鄙	昧昧
寡臣	家父※	賤士	狂痴	蒙幸
寡大夫	家母※	賤事	狂夫	懵昧
寡德	家下	賤室	狂狷	綿薄※
寡君	家兄※	賤嗜	狂愚	綿里薄材
寡小君	家嚴※	賤術	括撓	綿力※
管見※	谫谫	賤体	濫塵	免賜
管窺之見	剪春韭	賤息	老粗※	冥頑
桂林一枝	見賜	賤姓	老骨頭	謬愛
聒扰	見訪	賤恙	老荊	謬恩
過愛	見過	賤造	老臉※	謬會
過獎※	見惠	賤職	老妾	謬加
過獎	見笑※	賤質	老朽※	謬見
過辱	賤表※	賤姿	老糟頭	謬解
過听	賤臣	賤子	老拙	謬職
過誤	賤辰	賤字	力薄才疏	繆恩
過譽	賤處	僭称	樗散	磨鉛
寒邸	賤誕	僭居	龍尾	末朝
寒灰	賤地	僭忝	陋目	末見

末將	朴愚	蚋序	土木	猥陋
末僚	曝獻	弱尚	退避賢路	猥蒙
末列	栖鴉	弱羽	退讓賢路	猥辱
末品	契末	弱志	豚儿	蝸房
末契	千一慮	山荊	豚子	蝸居
末調	鉛刀一割	山妻	獐質	蝸牛盧
末習	謙謝	山僧	歪詩	蝸牛舍
末席	淺話	舍間	頑瞑	蝸室
末議	淺拙	舍眷	頑璞	无堪
末職	切惟	舍親	晚生※	无能
某門	妾人	舍下	望履	无辱
哪里※	妾身	攝官	微才	无似
南面称孤	竊比	攝官承乏	微臣	毋忝厥職
年末	竊取	尸忝	微塵	芙詞
年晚生	竊位素餐	失陪※	微誠	誤恩
攀和	親末	食芹	微功	悉帥敝賦
攀違	親辱	侍巾櫛	微勞	悉索薄賦
蓬心	芹誠	手槀	微管	悉索敝賦
偏過	芹曝	練裳竹笥	微節	媳婦儿
剽聞	芹獻※	堅儒	微力	細說
貧道	芹意	刷字	微名	細子
貧儿	窮閈	衰門	微末	下愛
貧姑	區區※	衰宗	微芹	下臣
貧家	區區此心	水酒※	微軀	下塵
貧衲	荃察	說那里話	微趣	下忱
貧尼	犬馬	私竊	微尚	下房
貧妾	犬馬齒窮	娸罪	微說	下訪
貧僧	犬馬齒索	謏才※	微素	下風
貧舍	犬馬之誠	謏能	微物	下官
貧身	犬馬之疾	謏聞※	微意	下國
貧生	犬馬之命	謏言	微志	下怀
仆党	犬馬之養	討扰	微質	下家※
朴鄙	犬子※	田父獻曝	違教	下情※
朴劣	任重才輕	忝眷※	猥薄	下体
朴陋	榮庇	忝竊虛名	猥鄙	下愚
朴魯	榮忝	忝私	猥厠	下走
朴訥	辱游	忝越	猥屑	先妾
朴疏	辱知	涂抹	猥劣	現丑

獻丑※	小僧	朽人	庸昧	擲還
獻曝	小舍	朽質	友弟	擲下
獻芹※	小圣	虛忝	友生	滯拙
鄉末	小師	續貂※	余隶	顓愚
鄉俚	小肆	軒車載鶴	余拙	贅言
小婢子	小頑	學儿	愚臣※	拙筆※
小道	小王	鴉涂	愚慮	拙惡
小弟	小文	仰齒	愚男	拙分
小東	小我	僥忝	愚情	拙夫
小儿※	小相	野才	愚小子	拙婦
小飯	小兄	野菜	愚心	拙稿
小房	小婿	野夫	愚兄※	拙見※
小官	小意思	野生	愚意	拙荊
小行	小宅	野思	愚志	拙訥
小号※	小侄	一得	愚衷	拙室
小价	小酌	遺幣	遇臣	拙政
小可※	小子	蟻忱	鴛篡窃价	拙著※
小客	效駑駘	臆見	援拾	拙作※
小老	效犬馬力	因風吹火	援系	鯫儒
小力	謝不敏	姻弟	閱正	鯫生
小妹	新婦	姻末	災梨	鯫士
小女※	形穢	蚓竅	在下※	走伏
小妾	朽薄	螢爝	沾窃	走狗
小犬	朽材	庸怠	榛薈	罪過※
小人	朽鈍	庸短	卮言	左顧
小儒	朽劣	庸陋	執巾櫛	作黍

찾아보기

▎저자 약력

김청룡

중국 흑룡강성 녕안시 출신.
2002년 중국 중앙민족대 조선어문과 학사과정 졸업.
2007년 중국 중앙민족대 조선어문과 석사과정 졸업.
2011년 한국 서울대 국어국문과 석사과정 졸업.
2012년 한국 경희대 국어국문과 박사과정 졸업.

2002년~2005년 중국 중앙민족번역국 통번역사.
2010년~2012년 한국 대진대 교양과 전임강사.
2011년~2012년 한국 고려대 민족문화연구원 연구원.
2012년~현재 중국 중앙민족대 조교수.

〈논문〉
「한자어 인칭접미사의 사회적 계층성 분석」, 「코퍼스번역학에 기반한 한·중
유표적 피동문 번역에 관한 소론」 외 다수.

한국어와 중국어의
대우어 대조연구

초판인쇄 2014년 11월 23일
초판발행 2014년 11월 27일

저 자 김청룡
발행처 박문사
발행인 윤석현
등 록 제2009—11호

주소 서울시 도봉구 우이천로 353 3F
전화 (02) 992－3253 (대)
전송 (02) 991－1285
전자우편 bakmunsa@daum.net
홈페이지 http://www.jncbms.co.kr

편   집 최현아
책임편집 김선은

ISBN 978－89－98468－42－2 93710   값 16,000원